小山浩子

人気管理栄養士が教える

頭のいい子が育つ食事

日本実業出版社

はじめに

この本を手にした方は、きっとわが子に「すくすく育ってほしい」「できれば頭のいい子に育ってほしい」と願っている方でしょう。

はじめての子育てで、いろいろ悩みながらがんばっている方かもしれませんね。

元気に生まれてきてくれたわが子を抱いて、とても幸せな気分になったことと思います。と同時に、「きちんと育てる責任」も感じたことでしょう。

母乳・ミルク期はあっという間に過ぎ、生後5〜6か月になると「離乳食」が始まります。与えるものがすべて成長に関わると思うと、緊張し、慎重になります。

できるだけ体にいいものを、あれこれ考えて用意しても、

「イヤがって食べてくれない」

「アレルギーが心配」

「毎日、献立を考えるのが大変」

と悩みはつきません。

私は管理栄養士として、全国で「食と健康」をテーマに講演を行なっています。

そこでたくさんのお母さんたちとお話をして感じることは、「脳を育てる食事と栄養」についての知識があまり浸透していないことです。

食事づくりに一生懸命な方でも基礎知識が欠けているため、あまり効果的でない食事や肝心の栄養素が不足している食事をつくっている方が少なからずいます。

これではせっかくの努力も無駄になってしまいます。

そこで、「脳をきちんと育てる食事」の考え方を本書にまとめました。

むずかしいことは何もありません。みなさん、ある程度はご存じのことばかりです。

ただ、お子さんの成長の時期ごとにいくつか注意すべきポイントがあるだけです。

本書では、それぞれの時期ごとに気をつけてほしい栄養のポイントをまとめ、さらに簡単で手間のかからないレシピや調理のポイントも盛り込みました。

日々、お子さんの食事づくりに奮闘している方々のお役に立てれば、幸甚です。

食事は親からお子さんに対する愛情のメッセージです。ぜひ、楽しみながら取り組んでみてください。

２０１６年７月　小山浩子

頭のいい子が育つ食事　もくじ

第1章

「育脳」って、なあに？

——毎日のごはんが、子どもの脳をつくります

【乳児期・離乳期】

かしこい脳のキホンをつくる食事

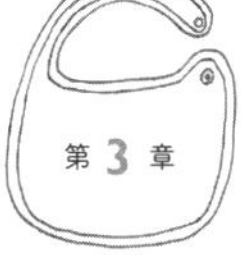

第3章

【幼児期（1歳半～5歳）】

子どもの脳と体をすくすく成長させる食事

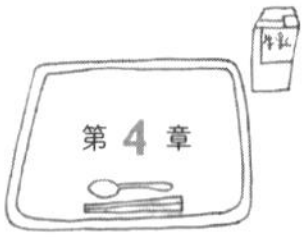

第4章

【小学生（6歳〜12歳）】

授業に集中できる脳をつくる食事

[中学生（13歳〜15歳）]

試験に強い脳と体をつくる食事

○ブックデザイン／西垂水敦・坂川朱音（krran）
○イラスト／祖父江ヒロコ
○DTP／ダーツ
○編集協力／瀬戸由美子（有限会社ノア・ノア）
○カバー写真©hi-bi /amanaimages

第1章

「育脳」って、なあに？

毎日のごはんが、子どもの脳をつくります

「育脳」は、かしこい子への第一歩

「お子さんに『かしこい子』になってほしいですか？」と聞かれて、「いいえ」と答える親はまずいないでしょう。理想のわが子像はいろいろあると思いますが、「頭のいい子になってほしい」という願いは、親ならみんなもっています。

だって、頭がよくて困ることはありません。将来、どんな人生を歩むにしても、生きていくうえで「かしこいこと」は必ずプラスになります。

こうした親の願いは昔からありますが、近年はますますヒートアップし、各家庭、あの手この手で、小さいうちからお子さんの教育に熱心に取り組んでいるようです。

赤ちゃんがお母さんのおなかの中にいるときの胎教に始まり、0歳児のうちから、さまざまな知育おもちゃを与えます。2〜3歳ごろからはピアノ、習字、英会話などのおけいこごと。絵本を毎晩読み聞かせしたり、子どもと一緒にワークブックに取り組んだりする家庭もあるでしょう。

脳の発達という観点からいうと、こうしたことはじつは効果的です。人間の脳はお母さんのおなかの中にいるときからつくられ始め、**最も大きく発達する時期は「生まれてから6歳くらいまで」**といわれています。ですから、わが子をかしこい子にするために、赤ちゃん期、幼児期に脳に刺激を与える「育脳」はとても大切なのです。

かしこさは勉強だけでは決まりません

一方で、みなさんお忘れではないかしら、と強く思うことがあります。それは、かしこい脳をつくるには、学習など外からの刺激だけでなく、**脳細胞がすくすく育っていくための材料、すなわち栄養を内側から与えてあげる必要がある**ということです。材料がないところに、一生懸命、外から刺激だけを与えても脳は育ちません。

では、脳をつくる材料とは何でしょうか。

脳も、体と同様、食べ物から摂取した栄養でつくられています。つまり、**かしこい子への第一歩、それは、「いい脳をつくるための栄養をきちんととること」**なのです。

「えっ？　たくさん勉強したら頭がよくなるのでは？」と思う方も多いでしょう。もちろんそのとおり！　でも、同じ方法で同じ時間、同じ内容の勉強をしたとして、よく働くしっかりした脳かどうかで、思考力・記憶力・集中力に差が出るとしたら……。そう、学習効果にも当然、差が出ますよね。だからこそ、学習効果を最大限に発揮できる土台、すなわち「いい脳をつくること」が非常に大切なのです。

成長期の子どもには、大人以上に栄養が大切であることはみなさんよくご存じのことでしょう。「骨や歯をつくるためにはカルシウムをたくさんとりましょう」とか「筋肉をつけるにはタンパク質が必要ですよ」ということもよく聞いているでしょう。骨や筋肉などと同様、**脳をつくっているのも食べ物**です。でも、そのことを意識している人は驚くほど少ないのです。

食事をつくる親は子ども専属の栄養スタッフ

オリンピック選手、あるいはプロの野球選手やサッカー選手のことを思い浮かべてみてください。記録に挑戦する、あるいはプロとして第一線で活躍する選手には必ずサポートスタッフがいて、チームで選手を支えていますよね。そして、そのチームには、技術を教えるコーチやトレーナーに加えて、選手の栄養面をサポートする栄養士などの専門家も必ずメンバーにいます。

同様にお子さんの脳のトレーニング、すなわち勉強を指導するのが学校や塾の先生だとすると、親はさしずめ栄養のサポートスタッフです。

子どもの学習効果を最大限に発揮するために「いい脳をつくる」という重要な仕事を担うことができるのは、まさに、毎日の食事をつくっている親だけなのです。

子どもの脳の9割は「6歳まで」に完成します

じつは脳の成長の時期はたいへん早く訪れます。

脳の神経は、赤ちゃんがお母さんのおなかの中にいるとき、だいたい**妊娠2か月めごろ**からつくられ始めます。そして、生まれてからは猛スピードでぐんぐん発達し、3歳ごろまでには大脳、小脳、脳幹という基本構造がほぼできあがります。

ここで、脳の構造をちょっとお勉強してみましょう。脳は、目や耳などの感覚器官から入ってくる情報を受けとって分析したり、記憶したり、思考や感情、行動を生み出したりする高度で複雑なネットワークシステムです。

そして、脳の中心となっているのが重さの85%を占める大脳で、左右2つの脳半球に分かれています。脳半球にはそれぞれ、前頭葉、頭頂葉、側頭葉、後頭葉の4つの

脳の構造

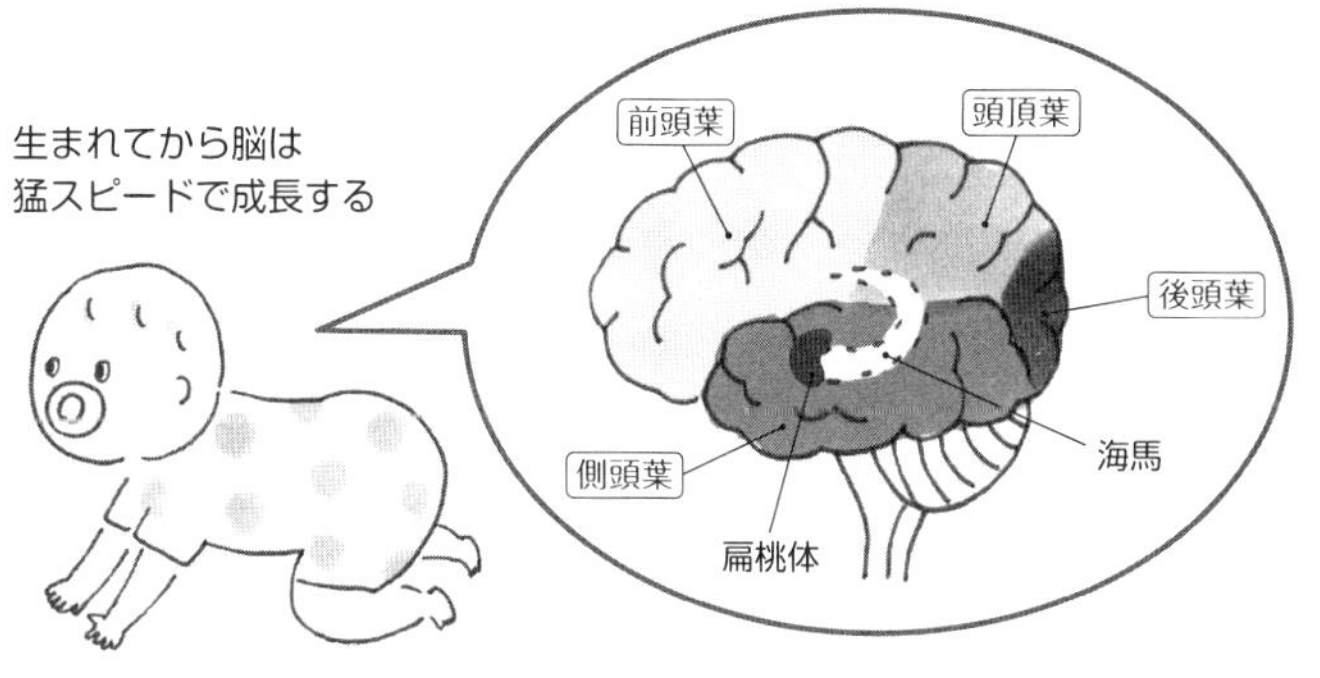

葉があり、たくさんの働きを分担しています。

額《ひたい》のすぐ後ろが前頭葉。記憶、注意といった基本的な作業のほかに、計画したり意思決定をしたり、問題を解決したり、社会的行動などの作業に関わり、その人のパーソナリティやコミュニケーションスタイルをつくっています。

前頭葉の後ろにあるのが頭頂葉。皮膚を通じた感覚的な情報（気温、触感など）や、空間的情報（大きさ、距離など）の処理に関わっています。

側頭葉には海馬《かいば》や扁桃体があり、記憶をコントロールしたり、長期の記憶を保管したりします。音声情報や嗅覚情報を受けとったり、解釈したりするのもここです。

このように、脳はそれぞれの場所で決まった役割を果たすようになっており、関連する情報はそれぞれの場所へ運ぶ必要があります。それが脳の活動です。

そして、こうした脳活動をすばやく、確実に行なうためには脳内のネットワークシステムである神経細胞が、しっかりと密に張り巡らされていることが大切なのですが、なんと、**脳の神経細胞が最も発達するのは3歳までなのです**。

そして、**6歳で大人の脳の90%にまで成長し、12歳にはほぼ完成する**のです。つまり、脳の成長期は、お母さんのおなかの中にいるときから始まって、**赤ちゃん期〜幼児期がピーク、小学校卒業までにほぼ終了する**ということ。将来、かしこい人になるかどうかは、この時期の脳の発達にかかっているといえそうです。

こうした脳の成長の様子を調べた研究もあります。次ページのグラフを見てください。これは、体の各部分がどのように発達していくかを表すグラフです。「スキャモ

スキャモンの発達・発育曲線

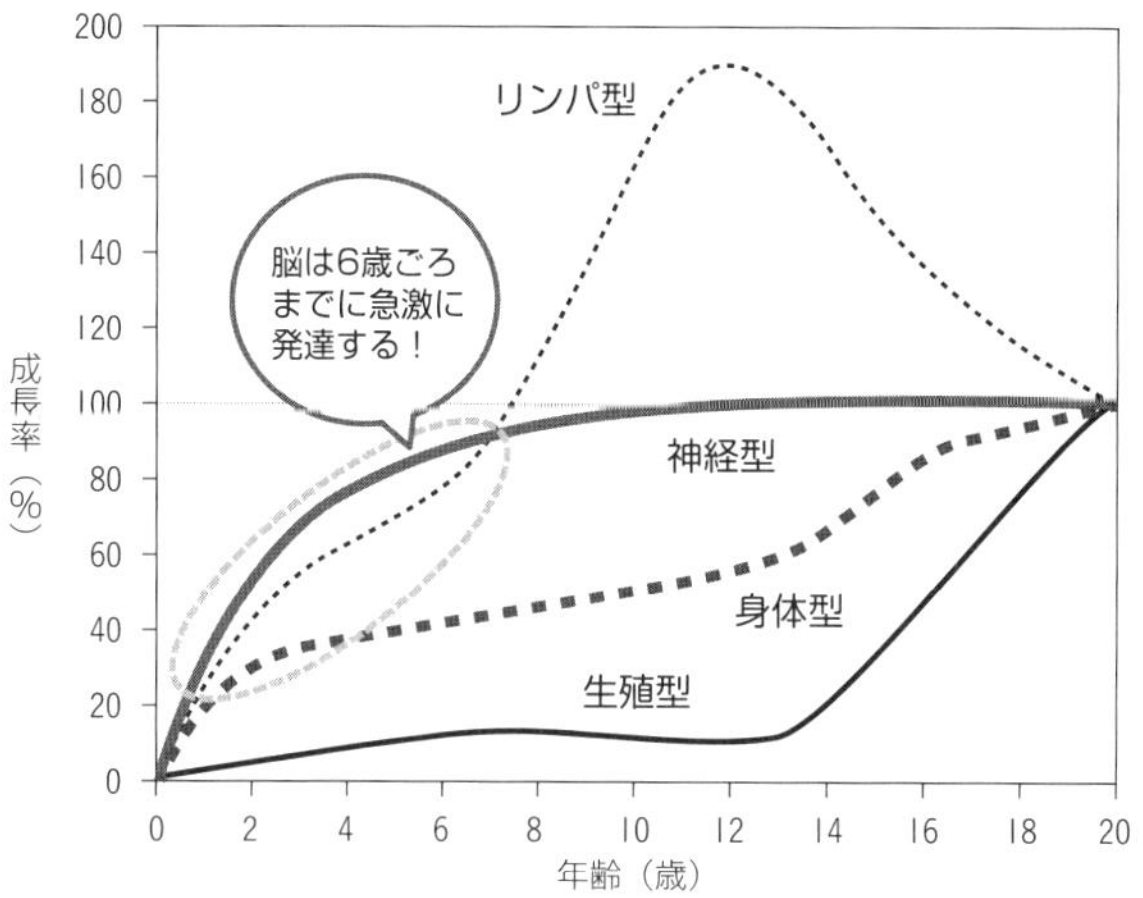

Scammon R.E.et al(1930)The measurement of the body in children

ンの発達・発育曲線」と呼ばれています。アメリカの人類学者、スキャモンが提唱しました。

これを見ると、体の発育がゆっくりなだらかな線を描くのに対して、神経型、すなわち脳の発達は6歳ごろまでに急激に発達し、あとはなだらかな上り坂になることがわかります。

この時期にしっかりとした、よく働く脳をつくるための食事を子どもにつくってあげることが、いかに大切かがよくわかりますね。

かしこい脳をつくる栄養素とは？

では、よく働く脳、すなわちかしこい脳をつくるには、どんな栄養素が必要なのでしょうか？　それを考えるにはまず、脳をつくる成分について知っておく必要があります。

みなさん、脳は何でできているかご存じですか？

よく、体の60％は水でできているといわれますが、**脳の60％はなんと脂肪なんです！**

脂肪は女性にとってダイエットの敵。なるべくならとりたくない、摂取を減らしたいと思って10代、20代を過ごしたお母さんたちも多いでしょう。ところが、そんな「ちょっと悪者扱い」を受けやすい**脂肪がじつは脳にとっては欠かせない、重要な栄養素**なのです。

「良質な脂肪」がかしこい脳への近道

もちろん、脂肪の過剰摂取は肥満につながるのでNGですが、適量をきちんととることはとても大切です。それは子どもにとっても同様。というのも、油は人間の体にとって重要な細胞膜や血液の材料になるからです。ただし! ここで気をつけなくてはならないのは、脂肪なら何でもいいというわけではない、ということです。

脂肪はその「質」にこだわることが重要です。

では「質のいい脂肪」とは、どういう脂肪でしょうか? ここでちょっとだけ脂肪についてお勉強してみましょう。

脂肪を構成しているものを「脂肪酸」と呼びます。脂肪酸には20種類くらいありますが、大きく2つ**「飽和脂肪酸」と「不飽和脂肪酸」**に分けられます。それぞれに性質が異なります。飽和脂肪酸の代表的なものに、肉の脂身やラード、バターなどの動物性脂肪があります。常温では固体というのが特徴です。これに対して、植物油や魚の脂に多く含まれるのが不飽和脂肪酸。常温では液体の油脂です。

「飽和脂肪酸」と言われても、何のことやらちょっとピンときませんよね。なので、そこは専門家に任せるとして、とりあえずみなさんに覚えていただきたいのが不飽和脂肪酸のうち**「オメガ3（スリー）系脂肪酸」という成分**です。

オメガ3系脂肪酸は、脳をやわらかくする！

「あ、それなら聞いたことがある！」という人もいるかもしれませんね。**「オメガ3系脂肪酸」は、血液をサラサラにして血流を改善し、アンチエイジング、脳の活性化などに効果がある成分**として非常に注目されています。

「オメガ3系脂肪酸」にもいくつか種類がありますが、その代表的なものが、青魚に多く含まれる**DHAとEPA**です。また、植物油の中では、アマニ油やエゴマ油に多く含まれる**α－リノレン酸**という成分です。これは、クルミなどのナッツ類にも含まれています。このオメガ3系脂肪酸が、じつは子どもの脳を育てるうえで重要なカギを握っているのです。

脂肪酸の分類

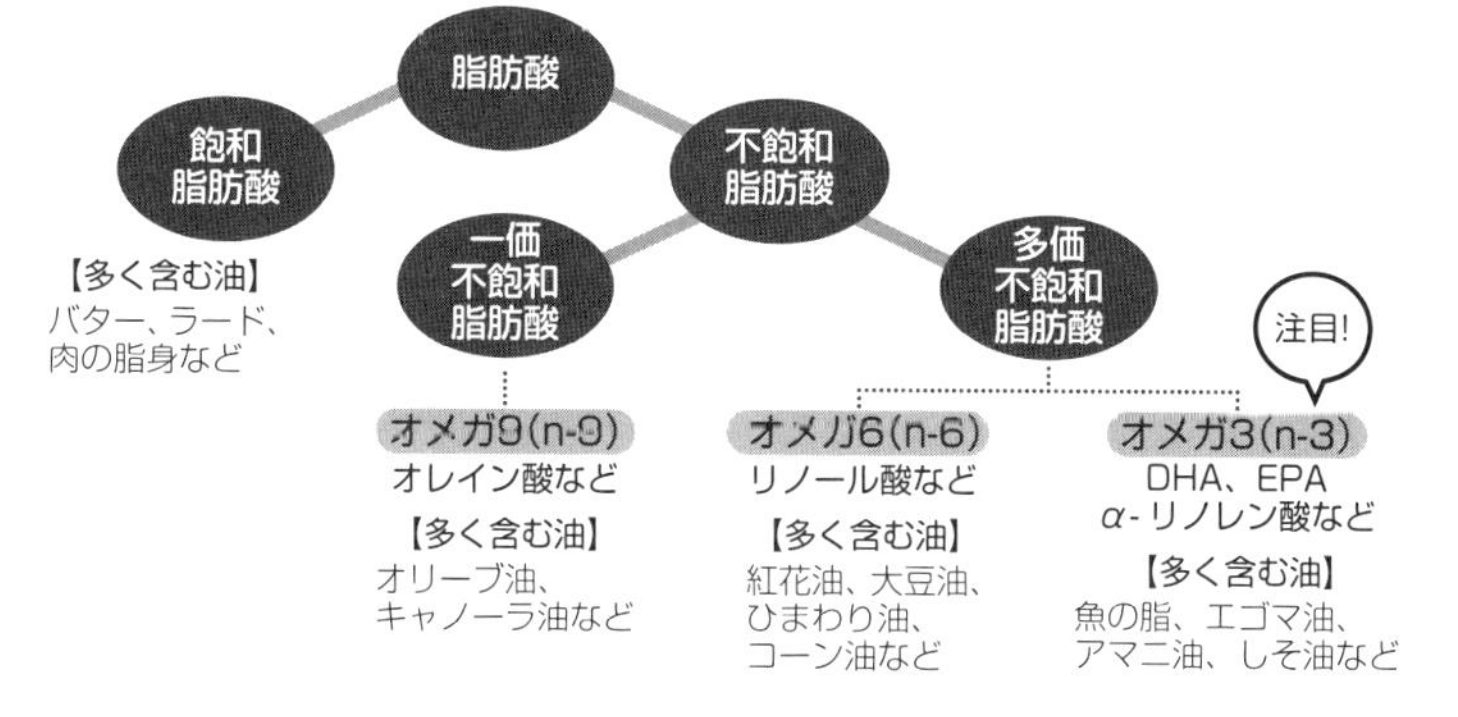

オメガ3系脂肪酸を摂取するとかしこい脳になるしくみは、第2章でくわしく説明しますが、簡単にいうと、**脳を構成する細胞膜のやわらかさ**に関係しています。オメガ3系脂肪酸は細胞膜をやわらかくします。そして、細胞膜がやわらかくなると、脳は活発に働くようになるのです。

昔から思考が柔軟な人を「頭がやわらかい」と言いますね。これに対して、新しい考え方についていかれない、理解できない人のことを「頭がかたい」と言います。じつは頭が「かたい」とか「やわらかい」というのは、単なる比喩ではないようです。思考が柔軟な人の、活発に働く脳は実際にやわらかいのです。

脳は「情報のキャッチボール」で働きます

脳の活動についてもう少しくわしくお話ししておきましょう。
子どもの脳の発育を考えるうえでは、とても大事なポイントです。

脳の中の神経細胞は、樹木が枝葉を伸ばすよう、外側に向かって複雑に分岐して広がる「樹状細胞」と、ロープのように長く伸びる「軸索《じくさく》」でできています（次ページ図参照）。これらが**「ニューロン」**と呼ばれる、1個の神経細胞です。そして、ニューロンの数は、脳全体ではなんと千数百億にものぼるのだとか！

細胞1個の大きさはわずか200分の1ミリ〜10分の1ミリ程度の大きさしかありませんが、それをもし、まっすぐつなげたとすると、なんと100万キロにも及ぶと

脳の神経細胞のしくみ

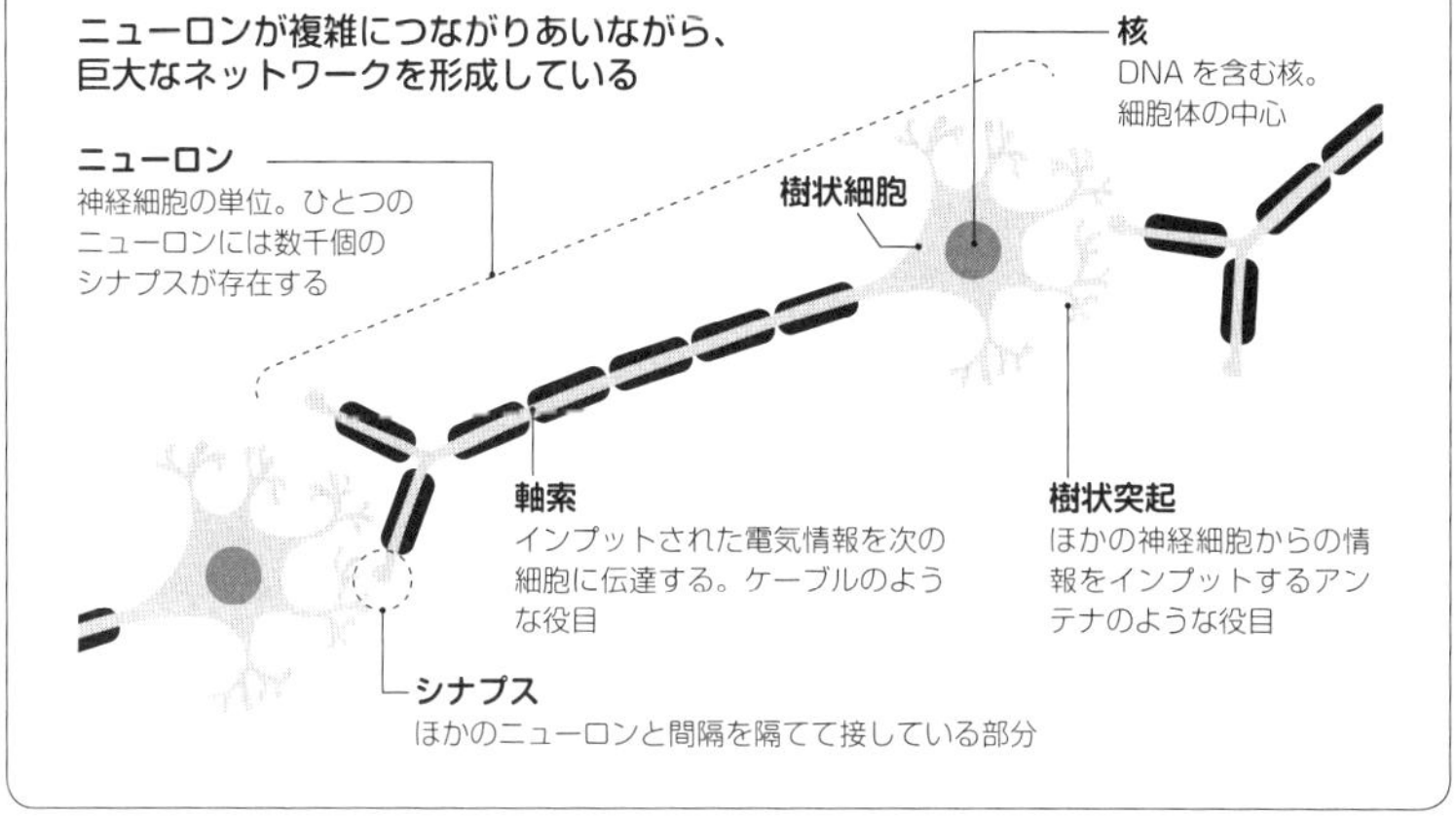

いうから驚きです。脳の中ではまっすぐではなく、複雑につながりあい、絡みあっているために、この巨大なネットワークが私たちの小さな頭の中におさまっているのです。

やわらかい細胞膜の受容体は情報をキャッチしやすい!

視覚や聴覚を通して外から入ってきた情報が、このネットワーク上を駆け巡ることで脳は思考をしたり、記憶をためておくべきしかるべき場所に情報を移動させたりしています。

よりくわしく見てみると、情報は電気信号となってネットワーク上を駆け巡ることがわかります。このとき、軸索と呼ばれる長いロープ状の細胞を流れた電気信号は、軸索の先端にある、「シナプス」と呼ばれる場所で、神経伝達物質と呼ばれるボールのようなものに変換され、ほかの神経細胞へ向けて放出されます（次ページ図参照）。

放出されたボール、つまり神経伝達物質は、樹状突起の先にあるグローブ、すなわち受容体でキャッチされます。そしてふたたび神経伝達物質は電気信号に姿を変えて、次の神経細胞へ向かって流れていきます。

こうした一連の動きがスピーディーに行なわれる脳がかしこい脳です。そして、**スピードのカギを握るのが細胞膜のやわらかさ**です。受容体の周りの細胞膜がやわらかいと、神経伝達物質を受けとる受容体が柔軟に動いてボールをキャッチできるのです。

これに対して、かたい細胞膜にある受容体はボールをキャッチしたくても動けないので、ボールを落とすことも多く、情報を伝達できなくなってしまいます。

そこで、やわらかな細胞膜をつくってくれる、オメガ3系脂肪酸をしっかりとれば、

シナプスのしくみ

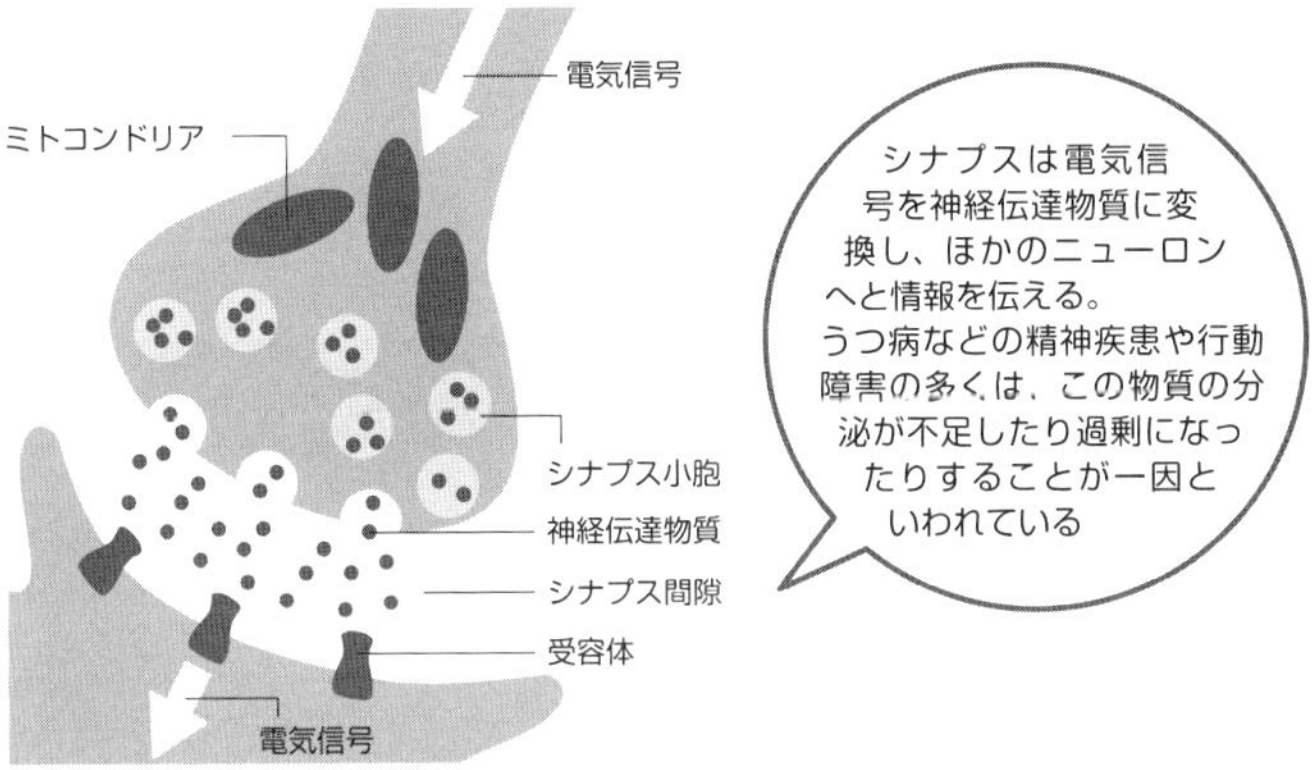
電気信号
ミトコンドリア
シナプス小胞
神経伝達物質
シナプス間隙
受容体
電気信号
シナプスは電気信号を神経伝達物質に変換し、ほかのニューロンへと情報を伝える。
うつ病などの精神疾患や行動障害の多くは、この物質の分泌が不足したり過剰になったりすることが一因といわれている

脳の働きがよくなるというわけです。

また、受容体は、いわばボールを受けとるグローブです。このグローブがかたくてはボールをうまくキャッチできずに落としてしまいます。受容体をつくっている成分も脂肪ですので、ここでも細胞をやわらかくするオメガ3系脂肪酸が非常に重要なのです。

食べ物を変えると、脳も体も変わる

このように、脳には、思考や記憶をつかさどる物質・器官がいろいろあります。

そして忘れてはならないのが、これらの

物質・器官すべては、私たちが毎日食べたものでできているということです。

職人さんがいい仕事をするためにはいい道具をそろえるのと同じこと。いい仕事、すなわち脳を活発に働かせるためには、道具にあたる脳のクオリティを上げることが大切です。

そして、道具のクオリティを左右するのが材質。質のいい材料を使った道具はきっと使い心地もよく、仕事がすばやく確実にできるようになるはずです。ぜひ、いい道具＝いい脳をお子さんに準備してあげたいですね！

次の章からは、積極的にとりたい栄養素を成長の時期別に見ていきます。普段のメニューを少しアレンジするだけで、育脳にいいレシピもたくさん紹介します。

第2章

［乳児期・離乳期］

かしこい脳のキホンをつくる食事

赤ちゃん期に、いちばんとりたい栄養とは？

人間が何かものを考えているとき、脳内に張り巡らされた神経回路の上を、情報がすばやく駆け巡っているとお話ししました。脳内の神経回路がどんな状態か、イメージできましたか。

それは、まさに「頭」という小さな部屋を、絡まりあった樹木のツルがいっぱいに埋め尽くしているような状態です。大人でおよそ、5000億の神経細胞が詰まっているのだそうです。ちょっと気の遠くなるような大きな数字ですね。そして、この数はおよその平均ですが、実際は人によって異なります。

かしこい子の脳は、このツルがたくさん伸びていて、たいへん密に詰まっています。これが俗に「脳みそが詰まっている」と言われるかしこい人の脳の状態です。神経回路、すなわち情報ネットワークが密なほうが、情報の伝達がすばやくスムーズにいくというわけです。

オメガ3系脂肪酸、DHAに注目

では、神経回路が密な人と、そうではない人、という違いはどのようにして生まれるのでしょうか？

人間の筋肉や骨が発達する際には、食べ物から成長に必要な養分をとり、運動などの刺激を与えることで発達していきます。それと同様、脳は脳に必要な栄養をとりながら、学習という刺激を与えることで発達していきます。

そして、最初にお伝えしたように、このように密に神経細胞が発達していくのは、生まれてから1歳半くらいまでの期間が最も著しいといわれています。つまり、胎児、0歳児、1歳児というように、体の発達と同様に脳もどんどん成長するこの時期に、その材料になる食事をきちんととることがとても大切なのです。

そこで、積極的にとる必要のある栄養素が第1章でお話しした、**脳の神経細胞を発**

達させる脂質、オメガ3系脂肪酸のひとつであるDHAです。

脳の60%を脂質が占めるとお話ししましたが、そのうちの約20%がDHAです。DHAを摂取すると、脳の神経細胞が発達します。そして、DHAは生涯にわたって、脳の働きを健やかに保つために欠かせない成分なのです。

イギリスのオックスフォード大学の研究では、DHAを摂取して脳に十分な栄養が届くようになると、**読み書きの力が伸びる！** といった研究結果も出ています（次ページ下図参照）。

また、DHAといえば、高齢者の脳を活性化する働きも有名で、サプリメントとしても売られています。

DHAを多く含むのは魚介類です

このように脳の発達に深く関与しているDHAは「魚介類」に多く含まれます。それはなぜかというと、もともとこれらの成分は海に生息するプランクトンに含まれる成分だからです。プランクトンを食べて成長した魚介類には、多かれ少なかれ、DHAが含まれるということです。

DHAと神経細胞の関係

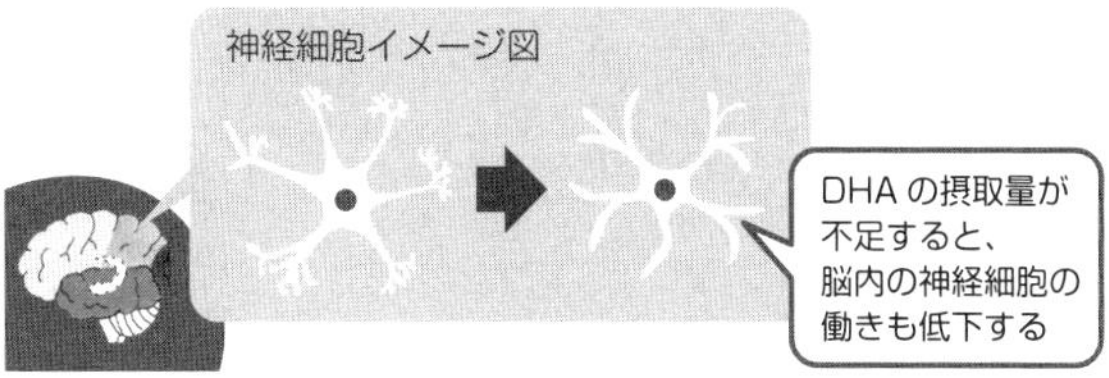

DHAの摂取で「読み書き」の力が伸びる！

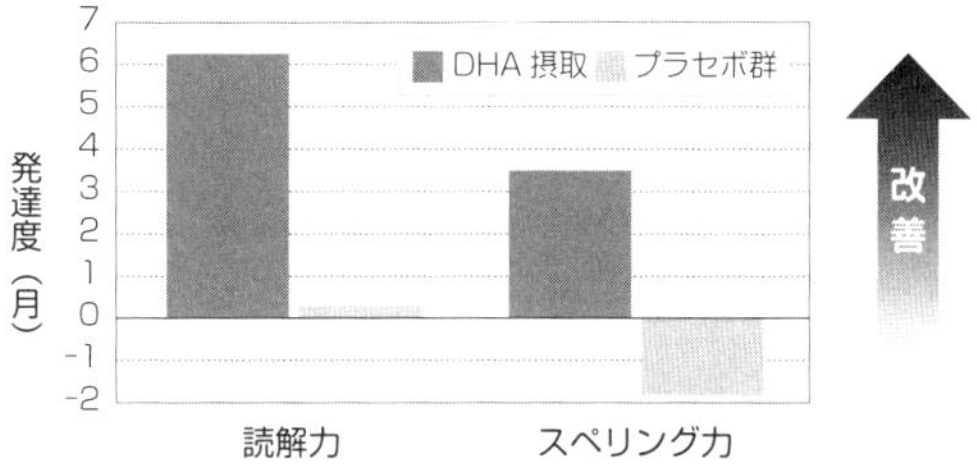

Richardson AJ & Montgomery P. *Pediatrics*, 2005;115:1360-1366

魚の中でもとくに多くDHAを含むといわれているのが、**まぐろのトロ、ぶり、さんま、まいわし、さば**など、**青魚**と呼ばれるものです。

また、脂身のところに多く含まれるので、**脂ののった魚に多い**というのも特徴です。かつおの場合、春がつおにはそれほど多く含まれていないのに、秋がつおに多いのはそのためです。

乳児期は、お母さんのおっぱい＆ミルクからDHAを！

「DHAは、脳の発達に欠かせない成分。だから、脳が著しく発達する乳児期にDHAを積極的にとりましょう」と言われて、「ん？　何か、変……」と、ちょっと疑問に思った方もいらっしゃるかもしれません。

そうなんです。DHAは魚介に多く含まれる成分です。離乳食前、おっぱいやミルク中心の赤ちゃんが、魚を食べてDHAをとることは不可能ですよね。

ですから、赤ちゃんにDHAをとってもらうためには、母乳育児のお母さんであれば、お母さんがしっかりと魚を食べて、**おっぱいをDHA豊富にする**必要があります。

お母さんが食べた魚に含まれるDHAは血液に吸収され、おっぱいに移行します。

できれば**毎日、3食のうちのどこかで魚料理をとる**ように心がけるといいですね。

ただし、妊婦さんや授乳中のお母さんには注意してほしいことがあります。まぐろ類（まぐろやかじき）や、深海魚（きんめだいなど）については、妊婦さんは食べすぎないよう、厚生労働省が「1週間に80g（目安はまぐろの寿司5カン）まで」という基準を設けています。

というのも、まぐろ類と深海魚には、ほかの小型の魚よりも「水銀」が多く含まれているから。海水に含まれている水銀をまずプランクトンが食べ、そのプランクトンを小魚が食べ、さらに、中型の魚、大型の魚類、鯨類……、というように、大型の魚になればなるほど体内に蓄積されている水銀の量が多くなるのです。赤ちゃんは水銀を排出することができないため、妊婦や授乳中のお母さんは気をつけましょう。

あじやいわしなどの小型の魚、しらすなどの小魚なども含め、さまざまな魚介を食べるようにし、まぐろ類ばかり偏って食べないようにしましょう。

ＤＨＡ配合のミルクは強い味方！

また、ミルク育児中のお母さんは、ミルクの成分をチェックしてみてください。いろいろなメーカーから赤ちゃん用のミルクが販売されていますが、**たいていのミルクはＤＨＡが母乳に近いバランスで含まれるよう配合**されていますので、安心です。

また、母乳育児中のお母さんも、魚の摂取量が少ないと気になる場合は、ミルクをプラスしましょう。とくに、授乳期の後半は母乳もだんだん栄養素が少なくなってきて、薄まる傾向があります。ＤＨＡの摂取量に限らず、赤ちゃんの成長に必要な栄養をバランスよく摂取するには、母乳を過信せずミルクも上手にとりいれたいものです。

離乳期用に、ＤＨＡを強化した**「フォローアップミルク」**も販売されていますので、時期に応じて、こうしたものを活用するのもいい方法です。

可食部100gに含まれるDHAの含有量比較(mg)

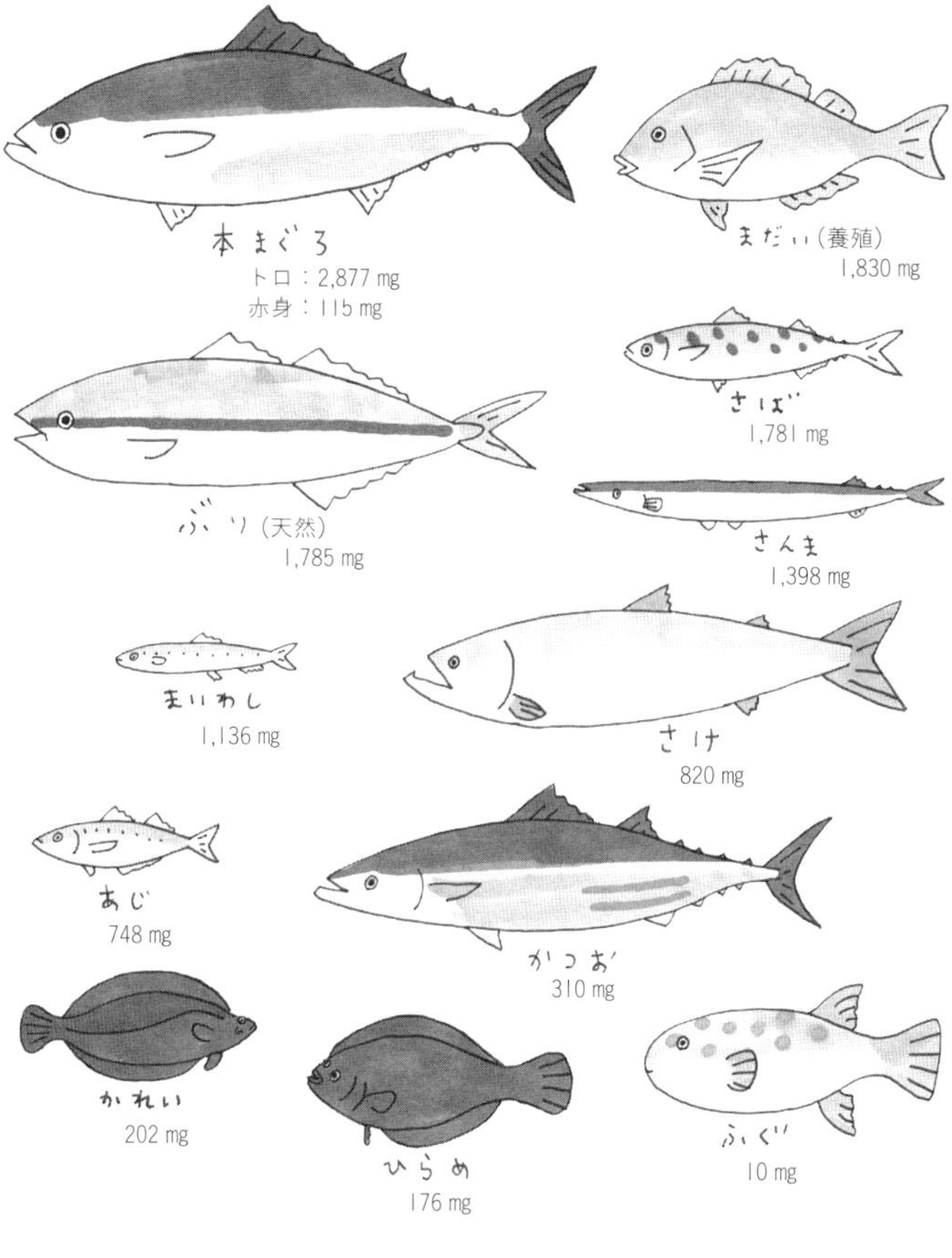

科学技術庁資源調査会編 「日本食品脂溶性成分表」より

離乳期は、月齢に合わせた魚メニューをとりいれる

6か月を過ぎると、徐々に離乳食が始まります。脳の発達に欠かせないＤＨＡを豊富に含む魚、ぜひ離乳食に上手にとりいれたいですね。

白身魚は生臭みもなく食べやすいので、お魚デビューしたてのころに食べる魚に向いています。また、9か月ごろからは、ちょうどお母さんからもらった貯蔵鉄が赤ちゃんからなくなる時期なので、鉄分豊富な赤身魚が鉄分補給になっていいでしょう。青魚はＤＨＡが豊富ですが、傷《いた》みやすく、じんましんなども出やすいので離乳食の最後のほうに与えるようにします。

ただし、注意していただきたいのは、**魚はアレルギーを引き起こす原因になる**場合があるということです。その原因は、魚の筋肉に含まれる「パルブアルブミン」というタンパク質です。このタンパク質は、ほとんどの魚に含まれています。さらに、魚のコラーゲンもアレルギーの原因になります。

鮮度の落ちた魚もアレルギーを起こしやすいので、新鮮なものを選びましょう。加熱が不十分なこともアレルギーの原因になりますので、しっかり加熱しましょう。

現代では、赤ちゃんの10人に1人が「食物アレルギー」をもつといわれています。食物アレルギーとは、「ある特定の食べ物を食べたり飲んだりすることによって引き起こされる反応」のこと。アレルギーを起こす原因となる食べ物には、おもに卵、乳製品、小麦、魚介類があります。おもな症状は皮膚の強いかゆみや湿疹です。

食べさせたことのない食べ物をはじめて与える際には、ごく少量で様子を見るということが大切です。また、アレルギーを疑うような症状が出た場合、自己判断は危険です。必ず専門医の診断を受けましょう。

離乳食では、**アレルギーを引き起こしにくい、「白身魚」→「赤身魚」→「青魚」の順番**で食べ始めるといいでしょう。

白身魚からスタート！　6か月ごろから

白身魚は、タンパク質源の中でも最もアレルギーの出にくい食材です。脂肪分も少なく、消化吸収がいいので消化器官が未発達な赤ちゃんが最初に食べる魚として適しています。**生後6か月ごろ**の離乳食スタートにぴったりです。

魚類は、筋肉に含まれる色素（ミオグロビン）の有無により白身魚と赤身魚に分けられます。

一般的に、白身魚は脂質が少なく淡泊な味です。加熱すると身がほぐれやすいので、扱いやすい食品です。離乳食のタンパク質性食品として最初に使う場合も多いです。

たとえば、たら・かれい・ひらめ・たい・すずき・はたはた・とびうお・さけ・ますなどがあります。さけとますは赤身魚のように見えますが、カロテノイド系の色素で赤いためで、じつは水産学上では白身魚に分類されるのです。

離乳食によく使う白身魚には次のようなものがあります。

調理15分

6か月ごろから　魚を使った離乳食

白身魚とかぼちゃのとろとろ（1人分）

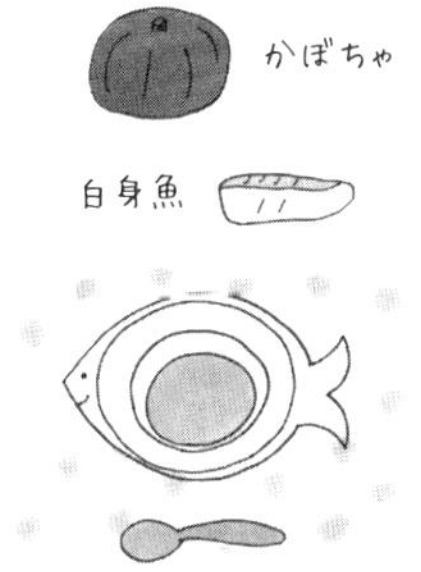

1. 白身魚10gを電子レンジで加熱し、骨と皮をとって、すりつぶす。

2. あらかじめ加熱しておいたかぼちゃ15gの皮と種をとって、すりつぶす（ミキサーやフードプロセッサー使用可）。

3. 白身魚とかぼちゃを合わせ、だし汁大さじ1を加えてなめらかにのばす。

かぼちゃのオレンジ色がかわいいので、魚の形など、形のある器に入れてもGOOD

■かれい・ひらめ

脂肪が少なく、赤ちゃんにとってとても食べやすく離乳食に適しています。**生後6か月ごろ**から与えられる、白身魚デビューにぴったりの魚です。

■まだい・たら

まだいは脂質が少なくて食べやすいので、離乳食を始めたばかりの**6か月ごろ**から適しています。

たらも離乳食に扱いやすい魚ですが、統計的にはアレルギーを引き起こす可能性が高い魚です。原因ははっきりとはしていませんが、さきほども述べたように、魚アレルギーは、鮮度が落ちることでも起きやすくなります。たらは、冷凍したものが多く、鮮度が落ちやすいことから、アレルギーの原因にもなりやすいと考えられます。ごく少量ずつ、様子を見ながら与えるようにしましょう。

また、よくスーパーで見かける銀だらは、「たら」という名前がついていますが、まったく違う種類の白身魚です。脂質がとても多く消化吸収に負担がかかるので離乳食向きではありません。

■さけ・めかじき

さけもアレルギーを引き起こしやすい魚なので、ほかの白身魚に慣れてきて問題がないことを確認してからにしましょう。**8か月ごろ**が目安です。もちろん、与える際は様子を見て少量ずつに。

なお、塩じゃけは塩分が多く含まれているため、離乳食には適していません。**刺身用か塩分が入っていない切り身**を選びましょう。

めかじきは、加熱するとパサパサしがちです。栄養面では脂質が多いので、これも8か月め以降に、食べやすいようほぐして食べさせるようにしましょう。

8か月ごろから　魚を使った離乳食

調理15分

さけのピカタ（1人分）

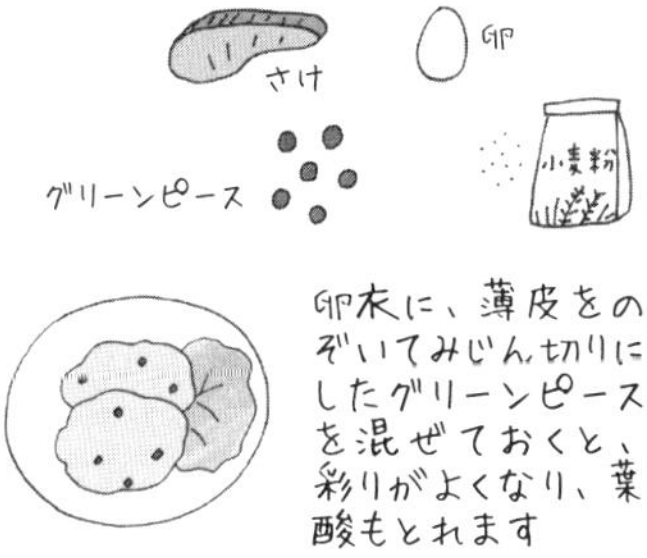
さけ
卵
グリーンピース
小麦粉
卵衣に、薄皮をのぞいてみじん切りにしたグリーンピースを混ぜておくと、彩りがよくなり、葉酸もとれます

1. さけ1/5切れ(30g)を薄くそぎ切りにし、小麦粉を全体にうっすらふり、溶き卵少量にくぐらせる。

2. 油を引かずにテフロンのフライパンで焼く。

赤身魚は8か月ごろから

赤身魚といえば、代表的なものにかつお・ぶり・まぐろなどがあります。脂肪が多く、味は濃厚ですが、加熱するとポソポソしてかたくなります。

離乳食に使う場合は**生後7～8か月ごろ**からまぐろの赤身、ツナやさけの缶詰が使えます。

さけは白身魚に分類されますが、ほかの白身魚に比べて加熱するとかたくなるので、身のやわらかい、たらやかれいなどほかの白身魚に慣れたこのころから離乳食にとりいれるようにすると赤ちゃんも受け入れやすいですよ。

調理方法は、煮たり、ムニエルにしたり。小骨に注意しながらほぐして野菜などの水分の多い食品と組み合わせると食べやすくなります。

青魚は12か月ごろから

DHAが豊富な魚の代表、青魚のさば・さんま・いわしなどは、ぜひ赤ちゃんにも食べてほしいですが、アレルギーを起こしやすい食材でもあるので、離乳食に使う時期は早くても**生後12か月ごろ**から。ちょっと注意をしながら始めましょう。最初はごく少量を与えて様子を見たり、脂肪の少ない背の部分を使ったりといった工夫が必要です。慣れてきたら、さんまの蒲焼きやいわしのハンバーグなども食べられます。

青魚は脂質が多いので、酸化しやすいという弱点もあります。新鮮なものを選ぶようにすることも大切です。また、脂質は消化吸収にやや負担がかかるので、脂が多すぎるようなら量を控え、便の状態を確認しながら与えましょう。

調理10分

12か月ごろから　魚を使った離乳食

あじのとろろ昆布あえ（1人分）

1. 耐熱容器にあじ（たたき）大さじ1を入れ、ラップをかけて電子レンジで1分加熱する。

2. あじの小骨がある場合はとりのぞき身をほぐし、ゆでてみじん切りにしたキャベツ15g、とろろ昆布1gを混ぜる。

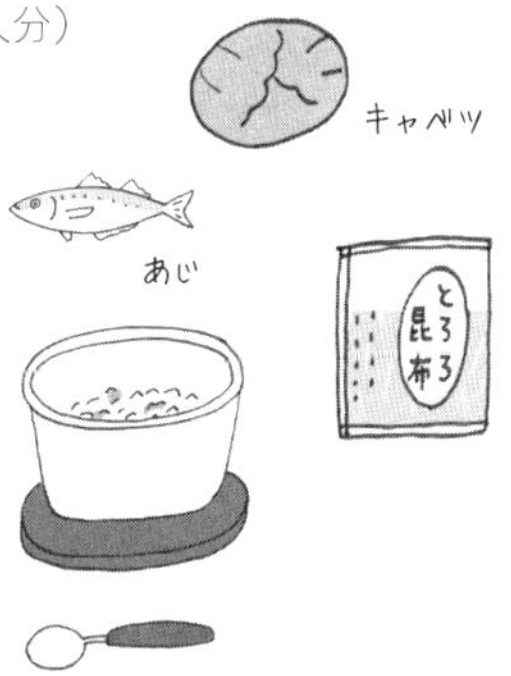

まだまだ腎臓が未熟で、塩分を含む調味料が使えないこの時期、昆布であえて、ミネラル補給と味の調整に！

なお、赤ちゃんに魚を与える際は、次のような形状を目安にしましょう。

■5〜6か月ごろ
↓加熱後、すりつぶしてお湯でのばす

■7〜8か月ごろ
↓加熱後、細かくほぐすかお湯でのばす

■9〜11か月ごろ
↓加熱後、粗めにほぐす

■1歳〜1歳半ごろ
↓加熱後、歯や歯茎で噛んでほぐせるひと口大にする

ＤＨＡだけじゃない！魚には脳と体をつくる栄養素がいっぱいです

ＤＨＡがたっぷりと詰まった魚は脳の発達のためにぜひ、赤ちゃんに積極的に食べていただきたいのですが、魚の魅力はＤＨＡだけではありません。魚は、脳の発達だけでなく、体の発達に必要な成分の宝庫なのです。

まず、**魚は肉と同様に、アミノ酸バランスの優れた良質なタンパク質源**です。

アミノ酸バランスが優れていることがなぜ大切かは、また後の章でくわしく説明しますが、同じタンパク質の量をとったとしても、アミノ酸バランスのいいもののほうが、体内で無駄なく効率よく吸収されるのです。

魚は低脂肪・低カロリーの高タンパク質源

タンパク質といえば、筋肉や血液をつくる材料、ということはみなさんよくご存じですよね？　人間の体をつくるうえで最も重要な栄養素といってもいいでしょう。それは脳にとっても同様です。さきほど、脳の60％は脂質でできているとお話ししましたが、残りの40％の多くはタンパク質が占めています。

つまり、**タンパク質も脳をつくる重要な材料**なのです。

優秀なタンパク質源というと、まず肉を思い浮かべる人も多いでしょう。でも魚は、肉よりも優れている点があります。それは、**脂質の量が少ない**という点です。

でも、ここで「あれ？」と疑問に思った方もいるのではないでしょうか？　「脂質は脳をつくる大切な材料で、しっかりとらなくてはいけないのではなかったっけ？」と。

たしかにそのとおり。でも、思い出してください。脂質は量ではなく、質にこだわることが大切、とお話ししました。そうなんです。肉に含まれている脂肪すなわち、動物性の脂肪は、じつは脳にいい脂肪とはあまりいえません。**肉に含まれる脂は、とりすぎると脳をかたくする脂なのです。**これもくわしくは後ほどお話ししますが、あまりとりすぎないようにすることが大切です。

その点、魚は、肉と同等の質のいいタンパク質を含みつつ、脂質も脳をやわらかくする脂。脂質量も肉よりも少なく低カロリーと、いいこと尽くしです。

小魚ならカルシウムも一緒にとれる

前項で赤ちゃんの月齢別に、ぜひ食べていただきたい魚をご紹介しましたが、ここでもひとつおすすめしておきたいのが**しらすなどの小魚**です。ちょっとピンとこないかもしれませんが、小魚にはDHAやタンパク質といった魚の栄養がそろっているうえに、**骨もまるごと食べるのでカルシウムが豊富にとれる**んです！

カルシウムは、「命の炎」とも呼ばれる大切な成分です。人間が呼吸したり、血液を巡らせたりといった生命活動に不可欠な栄養素です。もちろん、みなさんもよくご存じのように、骨や歯をつくる材料になります。ですから、体がぐんぐん発達する赤ちゃんには、大人以上にカルシウムが必要になります。

たとえば、**1歳の赤ちゃんが1日に必要なカルシウムの量は500mg**です。フォローアップミルク100mlでも、とれるカルシウム量は80mg程度なので、積極的にいろいろな食材からとりたいものです。

小魚はカルシウム豊富なので離乳食にもおすすめです。ただし、注意してほしいのは、しらすには塩分が多いということ。保存性を高めるために、かなりの量の塩が使われています。しらすを離乳食に使う際には、**お湯をかけるなどして、できるだけ塩分を落としてから使うのがポイント**です。

乳児期の塩分のとりすぎも、赤ちゃんの体の負担になるほか、将来、味の濃い食事を好む傾向になるなど、健康に害を及ぼす危険性が大きいので、できるだけ控えめにしたいものです。

カルシウムの吸収に役立つビタミンDも豊富

魚に含まれているさまざまな栄養素のうち、赤ちゃんの成長に大きく関わっているものを、あともうひとつだけ解説しておきましょう。

魚肉には**ビタミンD**が多く含まれています。

ビタミンDは、あまりなじみのないビタミンかもしれません。ビタミンDは、カルシウムの吸収を高めます。じつは、**骨を強くするには、カルシウムとビタミンDを一緒にとる**ことが大切なのです。カルシウムだけを意識してたくさんとるだけではダメなのです。

カルシウムと一緒にビタミンDをとれる、簡単な組合せメニューは「ごまとさけを混ぜたおにぎり」「小松菜ときのこのクリーム煮」「さばのしそチーズはさみフライ」などがあります。

12か月ごろから　小魚を使った離乳食

しらすと梅のさらさら粥（1人分）

調理10分

1. しらす5gはさっとゆでておく。

2. 胚芽米のごはん50g、しらす、豆腐10g（スプーンでつぶす）、梅干し（身をほぐしたもの）小さじ1/10を器に入れ、湯冷まし80mℓを加えて混ぜる。

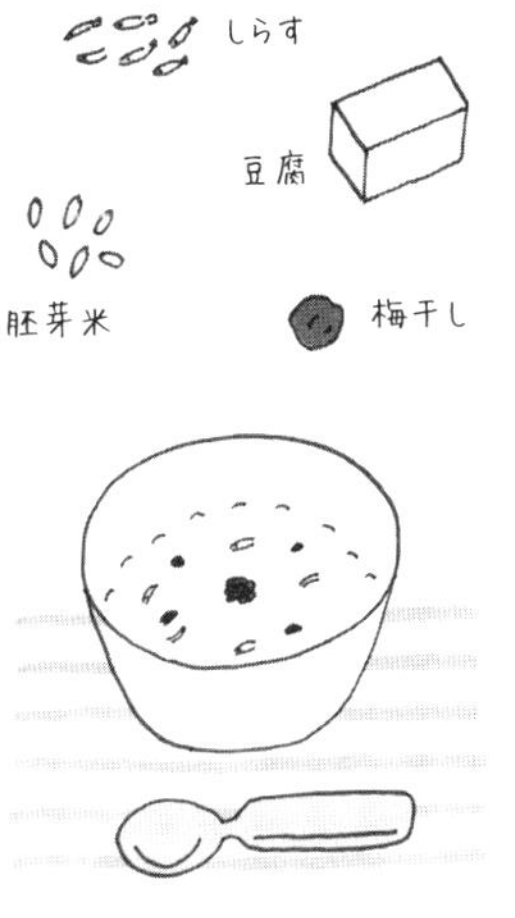

スキムミルクを加えると、全体のカルシウム量がアップし、小魚のカルシウムの吸収もよくなります

その点でも小魚は、カルシウムとビタミンDがダブルで豊富に含まれる**骨づくりのスーパースター**といえます。

なお、カルシウムには、血液中のカルシウム濃度を一定に保つ役割もあります。丈夫な体づくりには欠かせない栄養素です。そして、あとで述べますが、頭をすばやく回転させるためにも必要不可欠なのです。

離乳食の第一歩は、「おいしいだし」をとること

さて、ここまで脳の発達に欠かせない成分、ＤＨＡのことと、ＤＨＡを多く含む魚の調理法についてご説明をしてきました。

ここで、ちょっと脳の話からは離れて、赤ちゃんにはじめて食べてもらう食事としての離乳食の意味について、考えてみたいと思います。

赤ちゃんは敏感！　大人は鈍感！

赤ちゃんに離乳食をあげていると、「赤ちゃんってグルメだなぁ」と感じることがありませんか？　大好きなおっぱいやミルク、甘いかぼちゃはニコニコしながら食べるのに、あまり好きではない野菜がちょっとでも口に入ってくると急にしかめっ面になって、ペッと吐き出したりします。

また、野菜を食べさせたくて、赤ちゃんが好むおかゆにゆでた野菜を細かく刻んでこっそり混ぜて、食べさせようとしたのに、すぐに気づかれて食べてくれなかった！　なんていう体験をされた方も多いかもしれません。味見したときは野菜の苦みなんて感じなかったから、ばれないと思ったのになぁ……と、ちょっとがっかりした方もいるかもしれませんね。

それもそのはず。**赤ちゃんは大人の5倍も味に敏感**なのです。

人間は、舌全体にある「味蕾《みらい》」という味細胞の集まりで味を判断しています。味蕾で、「甘味・苦味・酸味・塩味・うま味」という5種類の「基本味」を感じます。そして、この味蕾は年齢とともに減少してしまいます。

乳幼児には味蕾が約1万個あるのに対し、大人には約2000個しかありません。年をとると薄い味がわからなくなり、濃い味つけを好むようになる人が多いのもこのためです。味蕾を大人の5倍ももっている赤ちゃんは、薄い味つけでも十分おいしく食べられるのです。

赤ちゃん期に強い塩分に慣れてしまうと……

また、乳児期から始まって小学生くらいの間は、いろいろな味を覚えて、味覚を発達させる時期です。この時期に、正しい味覚を身につけることが大切です。その第一歩である**離乳食はできるだけ薄味に**したいものです。

赤ちゃんのうちから、大人と同じ、塩分の高いものを食べていると、しょっぱい味に慣れてしまい、将来塩分の濃い食事を好むようになってしまいます。ぜひ赤ちゃんには、正しい食習慣が身につくよう薄味の食事を心がけましょう。

また食品添加物の刺激も赤ちゃんの味覚を狂わせる原因のひとつになります。

そこで毎日の食事で大切にしたいのが、**「だし」**の存在です。料理には、だしをしっかりとると、だしのうま味のおかげで塩分がほとんど不要でおいしくなります。

「簡単だし」のとり方

＊かつおだし

削り節大さじ1を茶こしに入れて、熱湯200mℓを注ぐ。

＊昆布だし

昆布1枚（3cm角）に水200mℓを注ぎ、30分以上浸す。ひと晩冷蔵庫で水出しも可。

＊煮干しだし

煮干し2尾（6g）は頭と腸をのぞき、水200mℓに30分浸す。5分ほど煮だして、煮干しをのぞく。

赤ちゃんにもだしのうま味を経験させる

また、小さいころから本物のだしの味を知り、そのうま味を舌に記憶させると、化学的につくられたうま味ではなく、食品が本来もつ自然なうま味をきちんと判断できる舌を育てることができます。

とはいえ、毎日きちんとだしをとるのは、小さいお子さんのいる家庭ではむずかしい場合もあります。そこで、ぜひ覚えておいていただきたいのが前ページにのせた**「簡単だし」のとり方**です。

これなら簡単ですし、冷蔵庫にストックしておけば2〜3日もつので、使いたいときに手づくりだしをさっと使えて便利です！　ただし、赤ちゃんのものに使う場合は、食中毒の心配もあるので、つくってすぐのものを使ってください。

6 偏食のない子に育てるポイントはお母さんが「がんばりすぎない」こと！

離乳食のことをお母さんたちにお教えする際、私たち管理栄養士は、当然赤ちゃんに必要な栄養のことを話します。タンパク質をこういうものから、これぐらいの量をとりましょう、などといったように。

それは、栄養学的な立場からきちんと検証されていることですから、赤ちゃんの健康と将来の体づくりのために目標にして離乳食をつくってほしいなぁと願っているからです。

でも、その一方で、お母さんたちに忘れてほしくないなぁと思うこともあります。

それは、**食べ物は楽しい気持ちで食べてこそ、私たちの体の中でしっかりと消化吸収され、体をつくる栄養になってくれるということ**です。

いくら栄養学的にどの栄養素が何g必要という基準があったとしても、それをお子さんに無理に食べさせようとして、お母さんが怒ったりしては何の栄養にもなりません。泣きながら食事をすることほど悲しいことはありません。

偏食のない子になってほしいとだれもが思うでしょう。そのほうがバランスよく栄養をとれますし、食事づくりもぐっとラクになるのですから。

でも、だからといって赤ちゃんがイヤがっているものを無理に食べさせてはダメです。かえってその食べ物に嫌悪感をいだいてしまい、逆効果です。

「今日食べなかったら、また明日食べてくれればいい」くらいの気持ちでゆったりと取り組むことが、将来の偏食を防ぐポイントです。

赤ちゃんが好むのはおっぱいやミルクの甘い味

離乳食を始める前、赤ちゃんが口にするものといえば、毎日飲むおっぱいやミルクがほとんどです。これらは赤ちゃんが甘く感じるものだそうです。

味覚には、「甘い」「すっぱい」「苦い」「しょっぱい」などがありますが、その中で、**「甘い」という味覚は人間が本能的に好む味であり、生涯安心感をいだく味**なのです。

それに対して、「すっぱい」や「苦い」は人間の本能からすれば**危険を知らせる味。すっぱいは「腐っていること」を、苦いは「毒であること」の危険性を知らせている**のです。でも、大人になるにつれて、さまざまな食体験を積む中で、すっぱいもの、苦いものの中にも有害ではない、おいしいもの、安全なものがあることを学び、好きになっていくのです。

ですから、いきなり赤ちゃんに苦みのある野菜やすっぱい果物を与えても、食べられなくて当たり前なのです。人間の自然な防衛本能なのですから。

小松菜やほうれん草など、栄養価が高い青菜はぜひ赤ちゃんに食べさせたいですが、おひたしのような、大人と同じような調理法では赤ちゃんは食べられません。バナナなど、**甘みの強い素材に混ぜてあげる**などの工夫が必要です。

離乳食で「食べることの楽しさ」を体験させる

離乳食の目的として大切なことは、赤ちゃんに「食べることが楽しい！」と感じてもらうことです。

青菜や魚の栄養をとることは、赤ちゃんの脳と体の発達にとって、とても大切なことです。でも、それと同時に、食べるということが「楽しいことだ」と体験させてあげることも大切です。この時期に食べることを強制されて、食べることに義務感や恐怖感をもつようになるのは、いちばん困ったことです。将来、健康を維持するために必要な栄養をとれる、きちんとした食習慣が身につかなくなる恐れさえあります。

一生懸命つくった離乳食を残したり、ペッと吐き出したりしても怒らないで！　また明日は別のメニューでチャレンジしてみましょう。赤ちゃんにとっていちばんの心の栄養になるのは、お母さんの笑顔だということを忘れないでください。

ちょっと待って！ それは塩分が多すぎます！

離乳食の注意点として大切なことをもうひとつ、お話ししておきましょう。

それは、**「塩分のとりすぎに注意！」**です。先ほども少し触れましたね。

「塩分摂取を控えなければいけないのは、高血圧が気になる中高年だけでしょ？」と思った方、それは大間違い。

赤ちゃんの臓器はまだまだ発達途中。大人に比べて塩分を処理する力も弱いため、過剰な塩分は、腎臓の負担になってしまいます。

ではどのくらいの塩分までOKなのでしょうか……。

じつは驚くくらい少ないのです。

赤ちゃんが1日にとっていい塩分の目安はティースプーンにおよそ3分の1

厚生労働省が5年おきに発表している、「日本人の食事摂取基準」2015年版では、1日の塩分摂取の目安を、0〜5か月は0・3g未満、6〜11か月は1・5g未満、1〜2歳は男児3・0g未満、女児3・5g未満、3〜5歳は男児4・0g未満、女児4・5g未満としています。

離乳期の赤ちゃんの摂取目安、1・5gとはどのくらいか、すぐにイメージがわきますか？　1・5gというと、普通のティースプーンの3分の1くらいです。たいへん少ないことがわかると思います。

離乳食をつくるとき、**塩は基本的に使用しない**、と思っておいたほうがいいでしょう。大人の舌では、塩気がないとおいしくないように思えますが、赤ちゃんは大人よりも味蕾の数が5倍も多いので、薄味でも、赤ちゃんは十分味を感じとっています。
また、**素材本来の味を覚えるためにも、塩はほとんど不要**なのです。

生後7か月ごろからは、1回の食事にほんの少量、0・1gほどから使用することができるとされています。生後9か月で0・2g、1歳でも0・4〜0・6g程度です。もちろん、赤ちゃん用の離乳食レシピは、栄養士がつくったものであれば、こうした目安を守るようきちんとつくられていますし、お母さんたちも意識して塩分を抑えるようにすればいいのですから、それほど心配はありません。いちばん気をつけなくてはならないのは、**大人の食事からのとり分け**です。

「わざわざ離乳食をつくりませんよ」、という人に話を聞くと、大人の食事をそのまま与えているようです。たとえば、鍋料理だったらお豆腐や野菜など、赤ちゃんが食べられそうな具材を、完成した大人用の鍋からとりだして、食べやすくつぶして与えているといいます。

これは絶対にダメです。たとえば、寄せ鍋の汁は鍋1杯でおよそ5～6gの塩分が入っています。それをとり分けたら、お椀に1杯だけでも1g。1日の塩分摂取量に達してしまいます。

もし、大人と一緒のメニューから赤ちゃんの食事をつくりたいなら、味つけをする前に赤ちゃんの分を別の鍋にとり分け、そちらは味つけをなしにするか、ごく軽く味つけします。大人の分は別に調味します。

大人も現代人は塩分のとりすぎです。大人の場合、厚生労働省が発表している1日の塩分摂取量の目安は、18歳以上の男性は8g未満、女性は7g未満です。おそらくたいていの人が、これらの数値よりも多く摂取しているはず。さらに外食にいたっては、大人でも「しょっぱい！」と感じる食事が多いもの。

それを赤ちゃんに与えたら、完全に塩分過多です。気をつけましょう。

また、大人も赤ちゃんとの生活が始まったのをいい機会に減塩を心がけると、家族みんなが健康的になりますよ！

第3章

［幼児期（1歳半～5歳）］

子どもの脳と体をすくすく成長させる食事

脳と体の発達のために、タンパク質をしっかり摂取

おっぱいやミルクだけで毎日過ごしていた赤ちゃんも、離乳期を経て、1歳半を過ぎると、かなりいろいろなものを食べられるようになってきます。

体つきもどんどんしっかりしてくるこの時期は、行動範囲もどんどん広がり、社会からの刺激も増えていきます。外からの刺激を受けるというのは脳の発達にとてもいいこと。神経細胞もどんどん発達していきますので、引き続き、成長に必要な栄養素をしっかりとるようにしましょう。

ところで、第2章では、「脳の構成する要素の60%は脂質。だから、質のいい油をとりましょう」というお話をしました。そして、残りの40%はおもにタンパク質ともお話ししました。

タンパク質といえば、筋肉や血液、臓器、髪の毛などをつくる栄養素ということは、みなさんもよくご存じですね。また、細菌やウイルスから体を守る力も、タンパク質によってつくられます。そう、脳も体も、子どもを健やかに成長させるには、タンパク質は欠かせません！

タンパク質のことを英語で**「プロテイン」**と言いますが、これはギリシャ語で**「第1位のもの」を意味する「プロティオス」が語源**だといわれています。昔から、タンパク質は生命にとって最も大切な栄養素だと考えられていたことがよくわかりますね。

タンパク質をしっかりとって、神経伝達物質を増やす

タンパク質は脳を構成する栄養素であるとともに、神経細胞間でやりとりされる神経伝達物質の材料でもあります。

第1章でもお話ししたように、脳は、目で見たり、耳で聞いたりした情報を、「思

考する」「記憶する」など、それぞれの処理を行なう場所へと移動させます。このような情報の移動は、キャッチボールをするように行なわれるのですが、そのボールの役目をするのが神経伝達物質です。

ボールはたくさんあるほうが、思考がスムーズに行なわれ、記憶力もアップするなど、脳の働きがよくなると考えられています。

神経伝達物質にはいくつか種類があります。幸せな感情をつかさどる「セロトニン」、元気さや快活さをつかさどる「ドーパミン」、やる気や判断力に関わる「ノルアドレナリン」、そして、記憶に関わる「アセチルコリン」など。神経伝達物質の種類によって働きが異なります。

良質なタンパク質を示す「アミノ酸スコア」

さて、神経伝達物質の材料はタンパク質ですが、脳内でアミノ酸から神経伝達物質を合成する際に必要になる**「酵素」**もタンパク質からできています。

ちょっとむずかしい話をしますと、食事から体内にとりいれられたタンパク質は、消化酵素によってアミノ酸に分解され、血液の流れにのって体の各器官へと送り届けられます。そして、脳に届いたアミノ酸はさまざまに形を変えて脳内に入り、いくつかの代謝を繰り返して、さまざまな働きの神経伝達物質に合成されていきます。

ところで、脂質については、その「質」の重要性を説明し、「質のいい油をとりましょう」とお話ししました。タンパク質についても同様。その質が重要です。

「良質なタンパク質をとりましょう」と耳にしたことはありませんか？　タンパク質の「質」とは何でしょうか。何が良質で、どうやって見分けるのでしょう。

良質なタンパク質とは、体をつくっているタンパク質（アミノ酸）と構造が近く、体内で効率よく合成することができるタンパク質をいいます。具体的にその質を示したのが**「アミノ酸スコア」**です。

アミノ酸スコアとは、食品に含まれる、必須アミノ酸のバランスを数値化したもの。アミノ酸の中には、体内で合成することができるアミノ酸と、合成できないアミノ酸があり、体内で合成できないアミノ酸は、食品から必ずとらなくてはいけないということで**「必須アミノ酸」**と呼ばれています。必須アミノ酸は9種類あり、食品中にはこの9種類のうち何種類か、またはすべてが含まれています。

アミノ酸スコアが高い、つまり、必須アミノ酸ができるだけそろっているタンパク質ほど筋肉や脳をつくるのに、効率よく利用されます。

アミノ酸スコアの高い食品とは？

必須アミノ酸のバランスを数値化したものが「アミノ酸スコア」なのです。上限を100とし、数値が高いほど必須アミノ酸がバランスよく含まれ、栄養価に優れた食品と考えられています。

なぜなら、含まれる必須アミノ酸の量にばらつきがあり、比較的多く含まれるものと、少ないものとがあった場合、体内で利用されるのは、最も少ない必須アミノ酸のレベルに制限されてしまうからです。つまり、いくら突出して多く含まれている必須アミノ酸があったとしても、それは利用されずに排出されてしまう……。無駄になっ

アミノ酸スコアの例

アミノ酸スコア100
牛乳　ヨーグルト　卵　ツナ　鶏肉　豚肉
牛肉　かつお節　あじ　いわし

アミノ酸スコア99-90
サーモン98　さんま96
豆腐93　枝豆92　おから91

アミノ酸スコア89-70
豆乳86　大豆86　えび84　あさり81
ブロッコリー80　にら77　いか71

アミノ酸スコア69-60
ひよこ豆69　いんげん豆68
グリーンピース68　かぼちゃ68
じゃがいも68　えんどう豆67
米65　豚肉ソーセージ63

アミノ酸スコア59以下
アーモンド50　ほうれん草50
トマト48　とうもろこし42
小麦37

てしまうということです。

必要な必須アミノ酸がバランスよくそろっている**「アミノ酸スコア100に近い食品」**を選ぶようにするのが、お子さんの発育にはとっても大切なのです。

アミノ酸スコアの100の食品といえば、何といっても「肉」そして「魚」。このあたりの食品はみな、「良質なタンパク質源」です。

また、1日に摂取したいタンパク質の量（推奨量）は1〜2歳で20g、3〜5歳で25g。肉の場合、種類や部位にもよりますが、大人の場合、およそ100gが目安になります。

2

肉は、なるべく「脂肪を落とす」のがカギ！

「肉」はアミノ酸スコア100の優秀なタンパク質源ですから、ぜひ積極的に摂取したい食材です。

ところで、タンパク質には大きく分けて2種類あります。

大豆などの**植物性タンパク質**と、肉などの**動物性タンパク質**です。どちらにもそれぞれメリットとデメリットがあります。植物性タンパク質は、アミノ酸スコアが動物性に比べるとやや劣りますが、脂質が少なく食物繊維が多いのが魅力です。肉などの動物性タンパク質のメリットは、体内での吸収効率がいいこと。逆にデメリットは、同時に脂肪も多くとりすぎてしまう心配があるということでしょう。

また、動物性タンパク質の脂肪はその「量」だけではなく、「質」が大きな問題です。

鶏肉・豚肉・牛肉など動物性の脂肪を構成している脂肪酸は、飽和脂肪酸といって、脳をかたくするといわれている成分なのです。

一方、魚に含まれているＤＨＡは、脳細胞をやわらかくし、脳の働きを活発にする不飽和脂肪酸ですから、その逆の働きということです。

くどいようですが、ここでもう一度、脳活動のしくみをおさらいしておきましょう。

思考など、脳が活動する際には、脳内に張り巡らされた神経細胞同士で神経伝達物質をキャッチボールし、情報を伝えています（24ページ）。

受け渡される神経伝達物質がボール、受けとる受容体がグローブ、と考えるとわかりやすいでしょう。そして、受容体が神経伝達物質を確実にキャッチするには、受容体が自由に動き回れる必要があります。受容体の周りの細胞膜がやわらかくないと、自由に動き回ることができませんね。

細胞膜のやわらかさは、おもにそこに含まれる脂質の種類で決まります。

ＤＨＡなどのオメガ3系脂肪酸をはじめとする不飽和脂肪酸を多く含む脳細胞はやわらかいのだそうです。逆に肉の脂肪などからとった飽和脂肪酸を多く含む脳細胞はかたいといわれています。

細胞膜と神経伝達物質（セロトニンなど）の受容体との関係

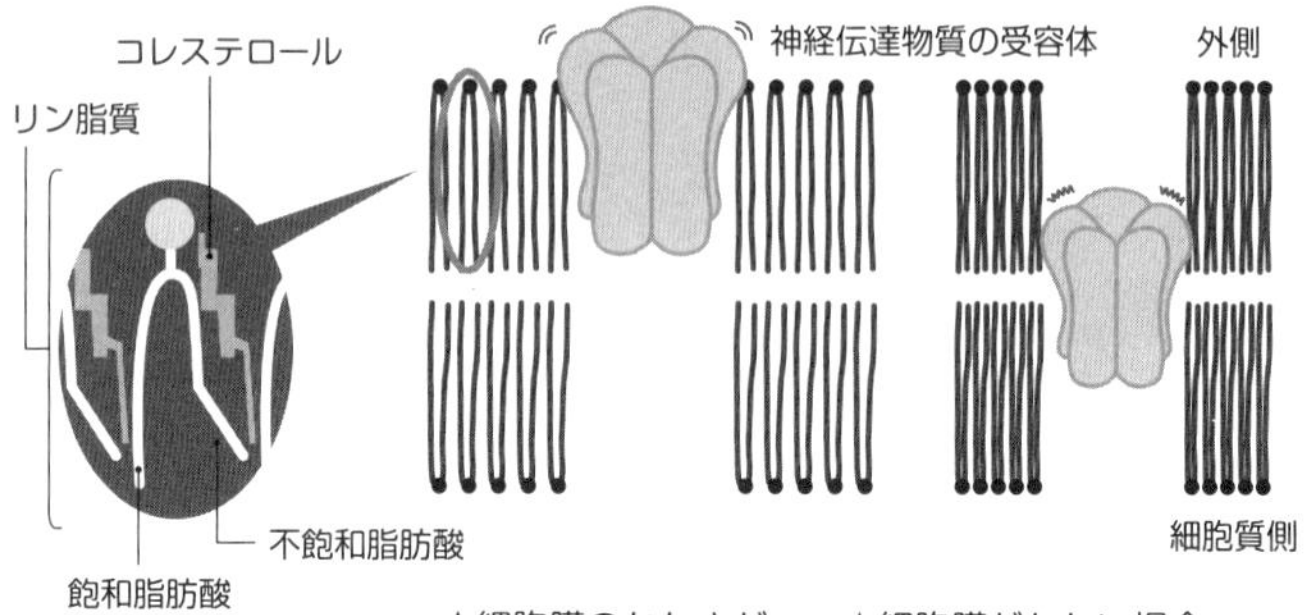

★細胞膜のかたさが正常な場合
受容体が細胞膜の外側に顔を出せる

★細胞膜がかたい場合
受容体は細胞膜に閉じ込められたまま、顔を出そうとしても動けない

中川八郎・葛西奈津子『子どもの脳を育てる栄養学』（京都大学学術出版会、2005年）を参考に作成

そのメカニズムはこうです。上の図を見るとわかるように、細胞膜には「リン脂質」と呼ばれる脂肪酸のかたまりがずらりと並んでいます。このリン脂質を構成するのは飽和脂肪酸であったり、不飽和脂肪酸だったりいろいろですが、どちらが多く並ぶかで細胞膜はやわらかくなったり、かたくなったりするとされています。

飽和脂肪酸は直線状で、これが並ぶとぎっしり隙間なくリン脂質が詰まってしまい、情報をキャッチしようとして自由に動き回りたい受容体がまったく動けなくなってしまいます。

一方、不飽和脂肪酸は折れ曲がった構造のため、これが多いと詰めて並ぶことができず、クッションがきいた状態で、ゆったりと並んでいます。そうなると、受容体も自由に動きやすくなります。

こうしたことから、飽和脂肪酸のとりすぎは、脳の働きが悪くなる、といわれるわけです。

脂身の少ない鶏のささみ、牛・豚のもも、ひれを使って

肉の良質なタンパク質は摂取したい、でも肉に含まれる飽和脂肪酸はあまり多くとりたくない……。そんな正反対の要望を一度にかなえるにはどうしたらいいのでしょうか。2つの方法が考えられます。

ひとつは同じ肉の中でも、**脂身の少ない部位を選ぶ**ということ。たとえば、鶏のさ

さみと鶏のもも肉では、含まれる脂肪の量が大きく異なります。ささみのほうが脂肪は少ないです。できるだけ脂質が少ない部位を選ぶというのが、かしこく肉のタンパク質をとるいい方法です。

ただし、こうした脂身の少ない肉には少々問題があります。それは、脂身の少ない肉はパサつきやすい、かたくなりやすいなど、お子さんにはちょっと食べにくい場合もあるということです。いくら栄養的によくても、お子さんが喜んでおいしく食べてくれなければ、意味がありません。

でも、大丈夫。お肉のパサつきは、調理のちょっとした工夫で食べやすくできます。たとえば、脂身の少ないむね肉などはフライパンなどで焼くとかたくなりがちですから、**低温でじっくり時間をかけて加熱する**ようにします。もも肉は煮込み料理など、低温で長時間加熱するようにするといいでしょう。

パイナップルやたまねぎなど、肉のタンパク質を分解する酵素を含んだ野菜・果物、あるいは塩麹《こうじ》、味噌、ヨーグルトなどの発酵食品に漬けてから調理するのも、やわら

3歳ごろから
脂身の少ない肉をしっとり仕上げるレシピ

しっとりやわらかな ヨーグルト漬け鶏ハム

材料(鶏ハム1本分)
鶏むね肉……………………1枚
(A)プレーンヨーグルト大さじ1
(A)砂糖……………大さじ1/2
(A)塩………………小さじ1/2

1. 鶏肉は皮をとり、フォークで全体に穴をあける。袋に(A)を合わせて鶏肉を漬け、冷蔵庫で半日以上寝かせる。

2. (1)を手前から巻くようにしてラップで包み、両端を輪ゴムで止める。さらにチャック付きの厚手の袋に入れて、空気を抜くようにしてチャックを閉じる。

3. たっぷりのお湯を沸かし、(2)を入れて15秒ゆでたら火を止めて蓋をし、2時間そのまま放置する(タオルをかけて保温状態を保つといい)。

4. 冷蔵庫で6時間寝かせれば完成。冷蔵庫で1週間保存可能。

5. スライスして器に盛り、トマトやレタスを添える。

鶏ハムをつくっておくと、サンドイッチやサラダなどに使えて便利!

かく仕上げるいいアイデアです。

紅茶で煮て、すぐにたれに漬けるのもおすすめです。紅茶に含まれる渋味成分タンニンには脂肪を分解する働きがあるのです。

また、鶏のささみやむね肉などはソースや野菜とあえて食べるような調理方法もおすすめです。

肉の飽和脂肪酸をとらないようにする2つめの方法は、逆に、脂身の少し多めの部位を選んだ場合。調理の過程でほどよく**余分な脂を落とす工夫をする**といいでしょう。たとえば、網焼きにする、しゃぶしゃぶのようにさっとゆがくなど。うま味はきちんと残しつつ、脂を少し落とすようにするのがポイントです。

さらに食物繊維は脂質の吸収を妨げる働きがあるので、肉料理のつけ合わせにさつまいもを出したり、「焼き肉のレタス巻き」「アスパラの肉巻き」「豚のしゃぶしゃぶサラダ薄切りごぼうのぽん酢あえ」など、食物繊維が豊富な野菜を一緒にとり、動物性脂肪のとりすぎを防ぎましょう。

3 料理が苦手でも「お魚上手」になれるコツ

第２章では脳を活性化するＤＨＡを多く含む食材として、魚を積極的にとることをおすすめしましたが、魚は、肉同様、良質なタンパク質源としてもとても優秀です。つまり、脳に必要なＤＨＡとタンパク質を一緒にとれる食材ということですから、かしこい脳をつくるためにも、魚をもっともっとたくさん食べていただきたいですね。

でも、近年、子どものいるご家庭の食卓からは、どんどん魚料理が減っています。その理由としては、「魚の調理が面倒・苦手」「子どもが食べてくれない」という２つが大きいようです。それならば、これらのマイナスポイントを解消したレシピがあればＯＫなはず。子どもが喜んで食べてくれる、簡単お手軽なお魚レシピをご紹介しましょう。

切り身や刺身を使えば、面倒な下処理は不要

「魚料理はむずかしい！　面倒！」という声をよく耳にします。

たしかに、あじやさんまを1尾まるごと買ってきて、さばいて、下処理して……、となるとちょっと技術が必要です。グリルで魚を焼いたあと、家の中に充満する魚のにおいや、処理をしたあとの生ごみの始末、キッチンの掃除などを考えると挑戦する気になれない……という方の気持ちも納得です。

でも、今やスーパーではいろいろな魚が切り身で売られていますよね。これらを使えば、面倒な下処理も、やっかいな生ごみが出る心配もありません。また、骨もほとんどとりのぞかれているので、子どもたちが食べるときの苦労もありません。

それから、ちょっと意外な方法ですが、**お刺身を利用する**というのもひとつの方法。サーモンやまぐろなどをサクで買って、加熱調理に使ってもいいんですよ。

3歳ごろから
魚の切り身、刺身を使った簡単レシピ

調理25分

煮汁までおいしい魚介のブイヤベース風（4人分）

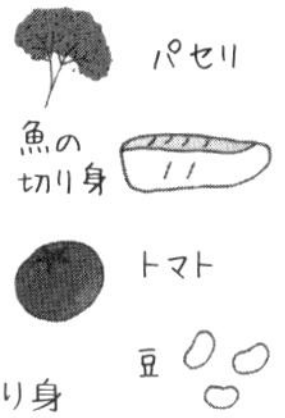

1. お好みの切り身魚（さけ・赤魚・たらなど）400〜500gを水500mℓ鶏ガラスープの素大さじ1を混ぜたトマトの水煮1缶（295g）でひと煮する（魚の苦手なお子さんには、切り身にうっすらカレー粉をまぶすといい）。

2. 器に盛って、パセリをふる。

豆をプラスすると育脳ポイントがアップ。一緒に煮込めば豆も魚のだしを吸っておいしくなります。残った煮汁はリゾットにして余さずDHA、EPAをとって！

子どもを魚嫌いにしない最重要ポイントは「臭み消し」

子どもたちの「魚嫌い」の理由としてよくあげられるのが「魚の臭み」です。たしかに魚は調理方法をきちんとしないと臭みが出やすいもの。下処理をしっかりするようにしましょう。

臭みを消すポイントは**キッチンペーパーでしっかり水気をふきとること。**魚に塩をふって10分程度置いておくと水分が出てきます。この水分に臭みの成分が含まれているので、これをしっかりふきとります。

調理方法でもひと工夫できます。**牛乳に漬ける、カレー粉やケチャップや味噌、みりんを上手に使う**と、臭み消しになります。

また、魚は鮮度が落ちると臭みがどんどん増してきます。鮮度のいい魚がある店で、できるだけ新鮮なものを購入するようにしましょう。

缶詰や加工品も上手に活用すれば、魚料理はもっと身近に！

「もっともっと簡単に魚を子どもたちに食べさせる方法はないの？」と言う方におすすめなのが、**缶詰**や**加工品**です。

忙しくて買い物に行かれないときなどは、缶詰や加工品などのストック食材が役に立ちます。缶詰の魚は下処理も不要で、骨もとってあるなど、食べやすく加工してあります。生の魚にこだわる必要はありません。こうした加工品からもタンパク質やD

HAが十分とれます。忙しくて手を抜きがちな朝食でも魚をお子さんにしっかり食べさせてあげることができますよ。ぜひキッチンにストックしておきましょう。

ただし、DHAは油に流出しやすいという性質があるので、**ツナやオイルサーディンなどの缶詰を使う場合は、缶の汁も利用する調理法がおすすめ**です。

買い置きしておきたいストック食材

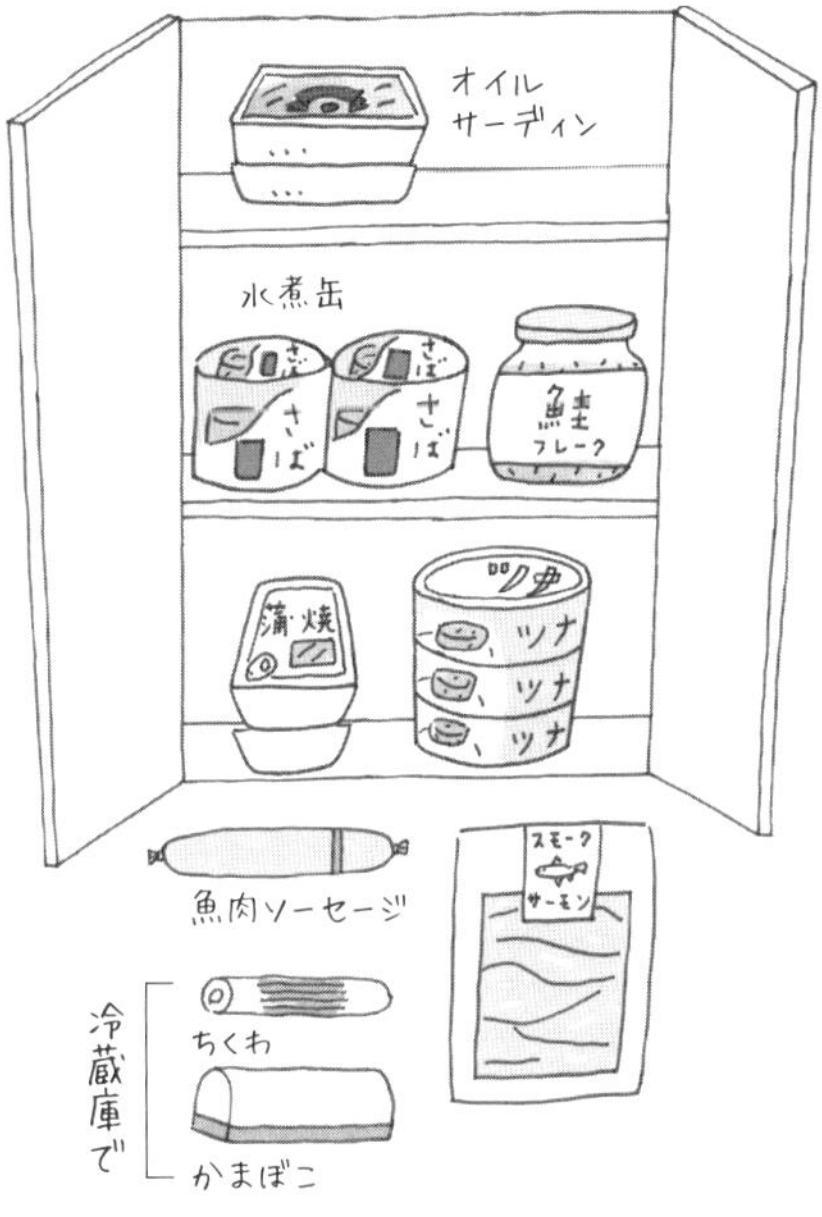

かまぼこやちくわ、魚肉ソーセージは加工の際に使用している添加物が気になります。商品を選ぶ際には、パッケージを見て、できるだけ添加物の少ないものを選ぶよう心がけることも大切だと思います。

3歳ごろから　ストック食材を使ったレシピ

調理25分

魚肉ソーセージでつくるさくらんぼの巻きずし

1. お米は少しかために炊き、すし酢を合わせ、箸でごまを混ぜておく。

2. 板海苔は1枚はそのままで。残り2枚はタテ半分に切る（1/2枚不使用）。

3. 巻きすに板海苔を1枚敷き、左右各3cm残して(1)のすし飯を均等に広げる。中央にすし飯で山をつくる。

4. 半分に切った板海苔の端にソーセージを置き、さくらんぼの枝になる部分2cmくらいを残して巻く。これを2本つくって(3)のすし飯山の両側に置き、枝の外側にあたる部分にすし飯をのせて、上にほうれん草をのせる。

5. 巻きすで両方から寄せたら、ほうれん草の上にすし飯を蓋になるようにのせて均等にならし、半分に切った板海苔をかぶせて巻きすでしっかり巻く。

ポテトサラダに「カニ風味かまぼこ」をあえて、サンドイッチの具材に！

材料（2人分）

魚肉ソーセージ	2本
（すし飯）米	1合
（すし飯）すし酢	大さじ2
白ごま	大さじ1.5
ほうれん草（または小松菜）［ゆでておく］	50g
板海苔	3枚

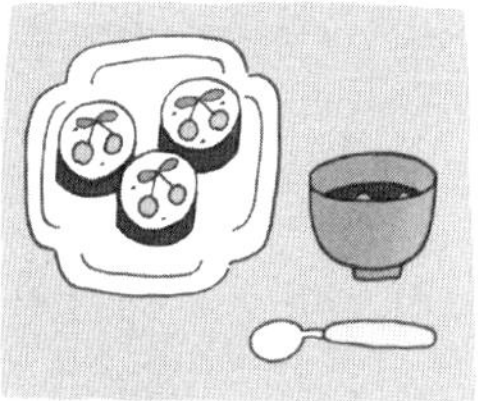

いろんな形をアレンジしてみて！

4 タンパク質が豊富で、保存のきく「大豆製品」はぜひ常備を!

魚の加工食品と並んで、ぜひキッチンにストックしておいてほしい優秀なタンパク質源が**「大豆」**です。大豆は乾燥させたものを戻して煮るには、少し手間と時間がかかりますが、水煮やドライパック、蒸し豆などの加工大豆ならすぐに使えて便利です。

大豆のアミノ酸スコア(69ページ参照)は86です。肉の100に比べるとやや低い数値ですが、だからといって、大豆が肉に劣るかというとそんなことはありません。大豆には肉とはまた違った、いい点がたくさんあります。

アミノ酸スコアが高いからといって動物性タンパク質に偏ると、体内が酸性に傾き、腸内では善玉菌が減り、免疫が落ちて、疲れやすい体質になり、次第に脳の働きも鈍くなります。

私たちの体の水素イオン濃度（pH＝ペーハー）は「弱アルカリ性」であることが理想とされています。むずかしい説明は省きますが、酸性に傾くと老化が進みます。動物性タンパク質は酸性ですので、とりすぎると酸性になりやすいのです。

しかも、動物性タンパク質には**食物繊維**がほとんど含まれていませんが、大豆には豊富です。現代人に不足しがちであり、腸内環境を整えたり、血糖値上昇を抑えたり、肥満を予防したりするためにも欠かせない食物繊維が、タンパク質と一緒にとれるのが大豆製品のうれしい点です。


蒸し豆などの大豆や大豆製品は植物性食品の中ではとくにアミノ酸スコアが高く、手軽にとれるのでおすすめです。大豆製品は、体をアルカリ性にしてくれ、タンパク質の代謝に必要なビタミンのB群も含みます。カルシウムも多いので、脳の栄養として体内で大いに役立ちます。

大豆にお酢、野菜、海藻、きのこ類、果物をプラスすると、血液の循環がよくなり脳がより活性化されます。

私たち日本人にとって大豆食品は、先祖が古くからタンパク質源としてとってきた食材です。日本人は伝統的に大豆を利用した食品、たとえば高野豆腐、油揚げ、納豆、味噌などを多く食べてきました。ですから、私たちの体には大豆のタンパク質を消化する酵素が十分に備わっており、消化吸収の負担が少なく、効率よく体内で利用できるといわれています。

また、肉にはとりすぎに注意したい飽和脂肪酸が多く含まれていますが、大豆に含まれるのは不飽和脂肪酸です。ですから、動物性のタンパク質に偏らず、植物性のタンパク質もほどよくとりいれるのが理想です。

肉でつくるメニューの一部を大豆に置き換えるだけでも、飽和脂肪酸の摂取が抑えられ、肥満予防にもつながりますよ。

大豆に含まれる「レシチン」も優秀な育脳成分

もうひとつ注目したいのが、大豆に含まれる不飽和脂肪酸、**「レシチン」**です。レシチンは細胞膜をつくる重要な成分であると同時に、**「脳の栄養素」**ともいわれるくらい、脳の働きに深く関係しています。

脳の活動を支える神経伝達物質のひとつで、記憶力に関わっているのが**「アセチルコリン」**です。このアセチルコリンの材料となるのが、じつはレシチンなのです。

つまり、レシチンが不足すると神経伝達物質であるアセチルコリンの量が減り、情報の伝達がうまくいかなくなります。その結果、**記憶力の低下の原因になる**ともいわれています。

かしこい子どもを育てるには、大豆からレシチンをしっかりとることがポイントといえますね。

大豆がパワーアップする食べ合わせ食材

植物性タンパク質は、動物性タンパク質に比べてアミノ酸スコアが少し劣ることはお話ししました。ところがそれは、**食べ合わせによって十分解決し、パーフェクトなアミノ酸バランスにする**ことができるのです。

調理30分

3歳ごろから　肉と大豆製品を組み合わせたレシピ

厚揚げ豆腐とひき肉のハンバーグ

1. たまねぎ(みじん切り)にサラダ油をかけてラップをし、電子レンジ(600W)で5分加熱する。

2. 厚揚げは手でつぶし(A)の材料とすべて合わせ、よく練る。4等分にし、うさぎの顔の形にする。

3. フライパンにサラダ油を熱し、(2)を焼く。

4. お皿に盛り、ハム、チーズ、三つ葉でうさぎの顔のトッピングをする。

材料(4人分)

- (A)厚揚げ……1枚（さっとゆでて油抜きしておく）
- (A)豚ひき肉……300g
- (A)たまねぎ(みじん切り)……1個
- (A)卵……1個
- (A)サラダ油……小さじ1
- (A)片栗粉……大さじ3
- (A)塩・こしょう……少量
- ロースハム……4枚
- スライスチーズ……1枚
- 三つ葉……少量
- サラダ油……適量

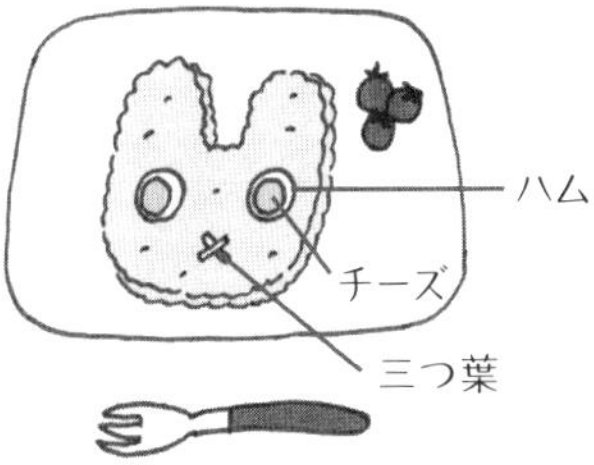

大豆は9種類の必須アミノ酸のうち、**「メチオニン」**と呼ばれる必須アミノ酸の量が不足しています。でも、これはなんとお米にたくさん含まれています。さらによくできているのは、お米にやや不足気味である**「リジン」**と呼ばれる必須アミノ酸は、大豆にたくさん含まれています。

つまり、**お米と大豆食品を一緒に食べ合わせると、お互いに不足している必須アミノ酸を補いあって、必須アミノ酸のバランスが整う**というわけです。

たとえば赤飯や五目ごはん、大豆を混ぜたお粥など昔ながらの食べ合わせには、こうした栄養学的な食べ合わせが自然ととりいれられていることに驚きますね！

また、植物性タンパク質は吸収が悪いのも難点。これも動物性タンパク質と一緒にとることで吸収がよくなります。納豆に卵をかけるというのはまさにこの組み合わせ！　昔の人の知恵なのかもしれませんね。

大豆製品の魅力は保存しやすいこともあります。ぜひ常備していろいろな料理に活用してください。

5 どこの家庭の冷蔵庫にもある卵は、育脳の強い味方です！

私はよく、「かしこい脳をつくるための食事」をわかりやすく紹介するメニューとして最初に、**「雑穀米を使った卵かけごはん」**をあげます。

なぜそれを最初に紹介するかというと、私が講演などで訪れる保健センターの栄養士さんからよく、最近の子どもたちが食べている典型的な朝ごはんとして、「ふりかけごはん」があげられるからです。

あとで、第4章の小学生の食事のところでくわしくお話ししますが、**「ふりかけごはん」は子どもたちの脳の働きをよくする食事とはとてもいえません。**もちろん、食べないよりはいいですが、これでは脳は育ちません。

でも、わかります。たしかに「ふりかけごはん」は忙しい朝には調理する手間も不要、手早く子どもたちに食べさせることができて便利ですよね。

そこで、私が提案したいのが、ふりかけごはんとほとんど同じ「手間」と「時間」でつくれるのに、脳にいい栄養がたっぷりつまった朝ごはん。それが「雑穀米の卵かけごはん」なのです。

ここでキーになるのが**「卵」の存在**です。

卵は、これからひなが育つための栄養がぎゅっと凝縮された栄養の宝庫！　体をつくるための成分がすべてそろっています。とくに**卵のタンパク質はアミノ酸スコア100の良質なタンパク質**。大きさにもよりますが、だいたい卵1個で5gのタンパク質がとれます。また、ビタミンAやB群、鉄分をはじめとするミネラルも豊富です。

しかも！　さきほど大豆の項目でご紹介したのと同じ、脳で記憶力をつかさどる神経伝達物質、**アセチルコリンの原料になるレシチン**も卵には豊富に含まれています。

お子さんの朝ごはんには、いつもの「ふりかけ」を「卵」にチェンジしてみましょう。白米を雑穀米にかえれば、さらに子どもたちに不足しがちなビタミンやミネラル、食物繊維も増強できるので、育脳の効果はさらにアップします！

いちごやオレンジなど、季節の果物を添えるのも簡単ですよね。こうした果物を添えると、**レシチンの吸収をよくしてくれるビタミンC**も一緒にとれるので、最強の朝ごはんメニューになります。

「脳にいい食事」は決して、むずかしいことでも、面倒なことでもない、こんなにもシンプルなことだということが、おわかりいただけるのではないでしょうか？

最も消化吸収がいいのは、温泉卵！

卵は、調理のバリエーションが広いことも魅力のひとつです。「卵かけごはん」のような生食のほかにも目玉焼き、ゆで卵、オムレツ、スクランブルエッグなどなど、その日の気分でさまざまな料理を楽しめます。

いろいろな調理方法で、お子さんを飽きさせずに毎日食べてもらうことも大切ですが、ちょっと豆知識として知っておいていただきたいのが、**卵は調理法によって栄養の消化・吸収率が変わる**ということです。

卵の消化吸収時間をざっくり見てみましょう。

生卵：2・7時間
温泉卵：1・3時間
ゆで卵：2・5時間
目玉焼き：3時間
卵焼き：3・2時間

となっています。つまり、**温泉卵**（半熟卵）**が最も消化吸収がいい**のです。

タンパク質は熱変性によって凝固すると、消化しにくくなるという特性があります。しっかり火を通す卵焼きがいちばん消化吸収に時間がかかるのはそのためです。

でも、それなら温泉卵よりも生卵のほうが消化吸収がいいはず。でも、実際にはその逆です。なぜなのでしょうか？

じつは、生卵にはタンパク質の吸収を妨げる酵素が含まれています。温泉卵は加熱

調理3分

2歳半ごろから

マグカップで1分! レンジで温泉卵

1. 電子レンジ対応のマグカップまたは保存容器に生卵を割り入れる。

2. 卵の黄身をつまようじでひと刺しして破裂しないようにし、卵の表面を完全に覆うくらいの水を注ぐ。

3. 電子レンジで1分ほど加熱する。

4. できあがったら、卵の凝固を止めるため、水をすぐに捨てる。

5. 白身が、透明から白色になったらできあがり。

電子レンジのワット数や種類、気候条件などにより加熱時間は変わるので、最初は30秒くらいから、様子を見つつ加熱すると、失敗しませんよ

によってこの酵素を弱めるので、タンパク質の吸収がよくなる、というわけです。

温泉卵は電子レンジで簡単につくれます。上のつくり方をマスターしておくといいですね。

半熟卵は1歳半から食べられますが、個人差がありますので、様子を見ながらにしてください。

スーパーなどでも温泉卵が売っています。時間のないときはこうしたものを活用するのもいいでしょう。

6

子どもが大好きな乳製品を活用しない手はありません！

卵に加えてもうひとつ、どこのご家庭の冷蔵庫にもだいたい入っている、便利な食材といえば、**乳製品**です。牛乳やヨーグルト、チーズなどは、子どもも好きな食材。どんどん活用しましょう。

牛乳は優秀なタンパク質源であると同時に、みなさんもよくご存じのように**カルシウム**が豊富です。カルシウムは、骨や歯が発達していく幼児期には、タンパク質と並んで重要な栄養といえるでしょう。この2つが一度にしっかりとれる乳製品はぜひ積極的にとりたいもの。もちろん、脳の発育にもこの2つの栄養素は欠かせません。

タンパク質は脳を構成する材料として、また、脳で情報のやりとりをする際に必要な神経伝達物質の材料として、とても重要だということはすでにお話ししました。それではカルシウムはどうでしょうか？
じつはカルシウムも脳で重要な働きをするミネラルなのです。

意外と知られていない、カルシウムの働き

カルシウムというと、骨や歯の材料というイメージがあると思いますが、そもそもカルシウムは、**「命の炎」**ともいわれるくらい、人間の生命活動において大きな役割を担っている栄養素なのです。

体内のカルシウムのうち99%は骨や歯に蓄積されていますが、残りの1%は細胞や筋肉、血液に含まれていて、筋肉を動かしたり、免疫力を維持したり、ホルモンを分泌させたり、人間の生命維持に欠かせない働きをしています。

そして、神経や脳の活動をスムーズにする働きもあります。カルシウムが不足すると精神が不安定になり、イライラの原因になります。ぜひ、牛乳でカルシウム不足を防ぎましょう。

冷蔵庫から出して添えるだけで栄養価がぐぐっとアップ

また、乳製品は、冷蔵庫から出して食卓に並べるだけでOKという手軽さも魅力です。手軽で栄養豊富。まさに、**育脳ごはんの救世主**なのです。

脳にいいとはいえない朝ごはんとして「ふりかけごはん」を例にあげましたが、たとえばそんなときも、添える飲み物をお茶から牛乳にするだけで、格段に栄養バランスがアップして、優秀な育脳ごはんに、ぐぐっと近づきます。

なお、「低脂肪」というとヘルシーなイメージがあり、お子さんにも低脂肪乳を飲ませている方もいるようですが、子どもの場合それはかえってマイナス。乳脂肪に含まれる脂溶性ビタミンが摂取できません。一般的な牛乳を与えるようにしましょう。

ヨーグルトや**チーズ**も上手に活用しましょう。牛乳を飲むとおなかがゴロゴロするという人は、「乳糖不耐症」といって、牛乳の乳糖を体内で処理できない体質です。**チーズやヨーグルトは、乳糖の影響がない**ので、こうした心配もありません。

粉チーズやスキムミルクは調味料がわりに

乳製品を使って、いつものメニューの栄養価を簡単にアップできます。

たとえばトーストにチーズをのせるだけの簡単メニュー**「チーズトースト」**は朝食やおやつにおすすめです。

粉チーズやスキムミルクを調味料がわりに活用するという方法もあります。たとえば、粉チーズは塩分もしっかりあるので、塩の代用にドレッシングに加えるほか、卵焼きやピラフの味つけにも使ってみましょう。スキムミルクは、カレーや煮物に加えれば、コクが出ます。ハンバーグなどのひき肉に混ぜると、栄養価がアップするだけでなく、肉の臭み消しにもなりますよ。

3歳ごろから　**調理5分**

フライパンでパンジュ（1人分）

1. フライパンにお好みのチーズを入れ、少し溶けてきたら2㎝の厚さに切ったパンをジュッと音がするまで押しつける。
2. 表面にこんがりチーズの焦げ目がついたら、できあがり。

枝豆やコーンを一緒にパンジュするのもおすすめ

---

7 子どもにとって「おやつ」は第4の食事

ここでちょっと食事からは離れて、子どもの大好きな「おやつ」について考えてみましょう。

一般的におやつというと、チョコレートやクッキーなどの甘いものや、ポテトチップなどのスナック菓子をイメージする人が多いかと思います。いわゆる食事とは別の「お楽しみ」といったところでしょうか。

とくに、大人にとっては仕事の合間に「ちょっと一息」、自分へのごほうびに甘いものを……という感じですね。

でも、子どもにとってのおやつはちょっと違います。

子どものおやつというのは、**「3回の食事では補えない栄養を補うためのもの」**。それはなぜかというと、とくに幼児の場合は、まだ胃などの消化器官が小さく未発達なので、一度にたくさんの食べ物を消化し、吸収する力がないのです。

ですから、大人が3回の食事で1日分の栄養を摂取するとしたら、**子どもは3回の食事プラス1回のおやつ、1日4回に分けて栄養を摂取する**と考えます。

そう考えると、必然的にどんなものをおやつとして子どもに与えたらいいかわかってくるのではないでしょうか？　決して甘いだけのお菓子ではなく、4番目の食事として、きちんと栄養がとれるものを与えたいですね。

おやつでもタンパク質やカルシウム、DHAを摂取

おやつでぜひとりたい栄養素といえば、やはりタンパク質です。タンパク質は子どもの体や脳をつくる大切な栄養素でありながら、3食ではとりきれないことが多いも

のです。

タンパク質を補えるおやつにはどのようなものがあるでしょうか。

たとえば、卵や乳製品、魚肉ソーセージを上手に使うと、タンパク質豊富なおやつになります。また、次ページのレシピのように、市販品を上手に活用してほんのひと手間加えるだけで、タンパク質がしっかりとれる優秀おやつになります。

市販のおやつの選び方

「毎日おやつを手づくりするなんて無理〜っ！」という声も聞こえてきそうですね。もちろん市販のおやつの日があってもいいんです。でもその場合は、やはり「成長に必要な栄養がとれるかどうか」をしっかり考えて選んでください。

おすすめのおやつをいくつかご紹介しましょう。

まずは、**プリン**。前項でもご紹介した、栄養豊富な食材、卵・牛乳がたっぷり入っているので、タンパク質やカルシウムがしっかりとれます。

調理20分

3歳ごろから

市販のミートソースを活用したお魚パン

1. 鍋に(A)を合わせて中火で10分ほど、水分が飛び、とろみがつくまで煮る。

2. パンの表面に(1)を塗り、ウロコの形に切ったチーズをのせる。マヨネーズをのりにしてグリーンピースの目をつけ、オーブントースターでチーズが溶けるまで焼く。

材料（4人分）

(A)ミートソース	1袋
(A)豚ひき肉	200g
(A)大豆ドライパック	1袋(60g)
※お好みの豆でも可	
ドッグパン（横半分に切る）	4本
スライスチーズ	4枚
グリーンピース	8粒
マヨネーズ	適量

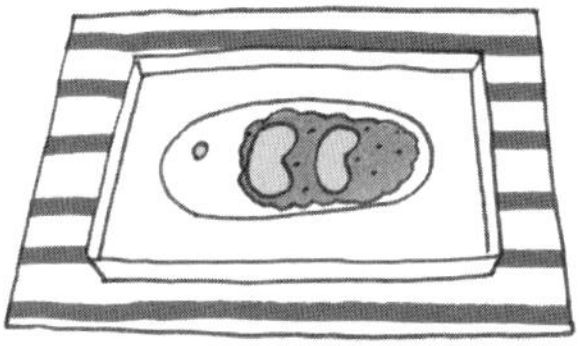

和菓子にも栄養豊富なものがあります。**あんこ**に使用されているあずきにはミネラル分や食物繊維が豊富ですから、豆をプラスした**豆大福**はいいですね。

ドラッグストアなどで販売されている**「赤ちゃん向け・幼児向け」のおせんべいやビスケット**などのお菓子はおすすめです。子ども用として販売する食品には、厚生労働省がとても厳しい基準を設けています。使用されている添加物の規制も厳しいですし、栄養価もしっかりとしたものしか認められていません。

こうしたお菓子には、子どもにぜひとってほしいタンパク質やカルシウム、鉄分などが上手にとりいれられていて、メーカーさんの努力が感じられる優秀なおやつです。

また、市販のおやつで栄養が足りないなと思うときは、**飲み物を牛乳に**するだけでもいいでしょう。さらに、タンパク質・カルシウムの豊富な**ヨーグルト**を添える、ビタミン豊富な**フルーツ**を添えるといった工夫で、おやつの栄養価をアップしてください。

市販のおやつは塩分・糖分をチェックする

そして、ぜひ知っておいていただきたいのが、**市販のお菓子に含まれる塩分と糖分**です。子ども用として販売されているものではないので、かなりの塩分量、糖分量に

1日あたりの食塩摂取の目標値

1～2歳	（男）3g未満／日　（女）3.5g未満／日
3～5歳	（男）4g未満／日　（女）4.5g未満／日
6～7歳	（男）5g未満／日　（女）5.5g未満／日
8～9歳	（男）5.5g未満／日　（女）6g未満／日

「日本人の食事摂取基準（厚生労働省）2015年版」より

なります。

みなさん、子どもが大好きなポテトチップス1袋にはどのくらいの塩分が含まれていると思いますか？だいたい0・5g～1・1gです。ポテトチップス半袋食べてしまったら、かなりの塩分を摂取してしまうことになりますが、子どもが1日にとっていい塩分量は上のとおり。控えるようにしたいですね。

また、砂糖もかなりたくさん使われています。板チョコ1枚で約20g、ショートケーキで約30g。こうした数字を見るだけでも、幼児が食べるおやつとしては配慮が必要なことを感じていただけると思います。

砂糖のとりすぎには、ぜひ注意してください。

砂糖のとりすぎは、肥満につながるだけでなく、脳の成長・働きにも悪影響を及ぼします。

たとえば、砂糖をとりすぎると大量に消費されてしまいます。ビタミンB_1は、砂糖の代謝に欠かせないビタミンB_1が体内で欠乏すると、脳に送り込むエネルギーが十分につくれなくなり、イライラしたり、精神的にも不安定な状態になったりします。

また、砂糖を代謝する過程でカルシウムも大量に消費されますから、体内で**カルシウム不足**が起こります。カルシウムは、脳の思考回路をスムーズにする働きがありますから、カルシウム不足は脳の働きを鈍くします。

子どものおやつや炭酸飲料には大量の砂糖を含むものがたくさんあります。ちなみに**500mlの炭酸飲料には50gもの糖分が含まれます**ので控えめに。

できれば精製度の低いきび砂糖や、ビタミン、ミネラル、食物繊維を含む大豆製品でおやつを手づくりしていただくことをおすすめします。

園児のお弁当は「食べられた！」の自信がつけばいいんです

保育園に通っているお子さんの昼食は、給食がほとんどかと思いますが、幼稚園は毎日お弁当をもたせるところもあるようですね。この年代のお子さんをおもちのお母さんからはお弁当に関するお悩みもよく聞きます。

そのお悩みのほとんどが、

「食が細くてお弁当をあまり食べられない」

「偏食でおかずを残してしまう」

といったことです。

でも、入園までは毎日、親と一緒に3食を食べていたお子さんにとっては、親と離れてお友だちと一緒にお昼ごはんを食べるというだけで大仕事。じつは大人が想像する以上に、子どもにとってはストレスを感じながらの、大きなチャレンジなのです。

ですから、お弁当が始まったばかりの時期は「たくさん食べる」「何でも残さず食べる」といった理想の姿はちょっとしばらく忘れてみてください。

「たくさん食べてほしい」「いろいろなおかずを食べてほしい」という思いから、ついついお弁当箱に詰め込みすぎてしまいますが、そんなにがんばらなくていいと思います。

お弁当は、**お友だちや先生と楽しく「食事を楽しむこと」を学ぶ**のがいちばんの目的なのですから。

子どもの食事づくりに一生懸命な方が、**お弁当でよくやってしまいがちな失敗が「嫌いなものをお弁当に入れて偏食を克服させようとする」ということ。**お弁当にはぜひお子さんの好きなものを入れてあげて、まずはお弁当の時間を楽しくしてあげましょう。

また、お弁当の量も、少し少なめかな……と思うくらいで最初はいいのです。子どもが余裕をもって時間内に食べきれる量にしましょう。**「全部、食べられた！」**ということはお子さんにとっては大きな自信につながりますよ。

栄養バランスがよく、簡単なお弁当のおかず

さて、お弁当の中身ですが、お弁当も毎日のことですから、あまり無理をせず、できるだけ負担を軽くするようにしたいですね。

もちろん、子どもの発育を考える立場としては、栄養のバランスが気になります。

では、手軽にできて、栄養価バランスのいいお弁当をご紹介しましょう。

それが**「詰めるだけお弁当」**です（109ページ参照）。

ときには調理せずに、そのまま詰められるおかずだけを集めたお弁当はどうでしょうか。「え？　手抜きでは？」なんて思わなくて大丈夫。

凝ったキャラ弁も楽しくていいですが、毎日の食事でいちばん大切なことは、**成長**

に必要な栄養がまんべんなくとれること！ 簡単にできて栄養バランスがとれているのなら、これほどいいことはありません！ つくる側が疲れず、負担にならず、楽しく続けられることこそ重要です。

冷凍食品も上手に活用すればＯＫ

最近は各食品メーカーからお弁当用の冷凍食品が出ていて、ずいぶん工夫されているなぁと思います。子どもの好きそうなメニューもたくさんそろっていますね。こうしたものもお弁当の中に1品程度入れるだけで、お弁当づくりがラクになるようでしたら、上手に活用するといいと思います。

ただ、こうした加工食品は、やはり添加物や酸化した油が気になるところ。冷凍のから揚げは、ザルに入れて上から熱湯を回しかけましょう。表面の油脂分を落とすだけでもずいぶん違いますよ。

ちなみに、ソーセージはボイルすることで添加物が40％減らせます。

3歳ごろから

詰めるだけお弁当

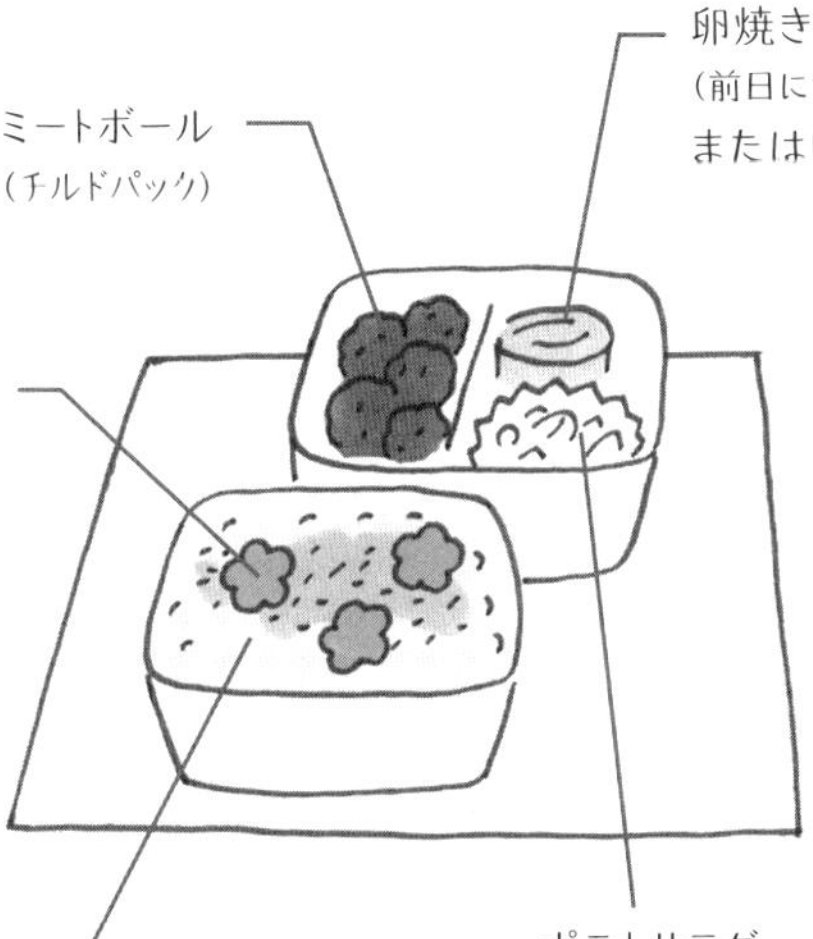

ごはんはターメリックを少量加えて炊いてみましょう。
黄色のごはんは視覚的に脳を活性化させます！

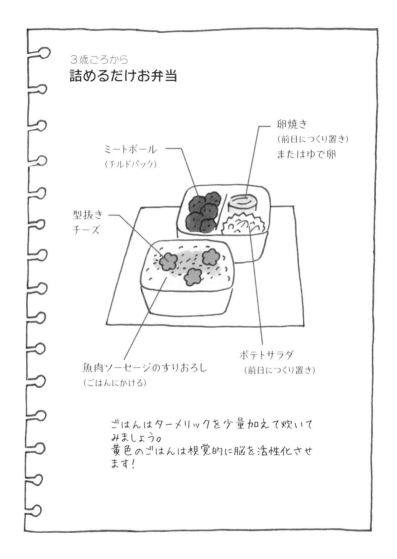

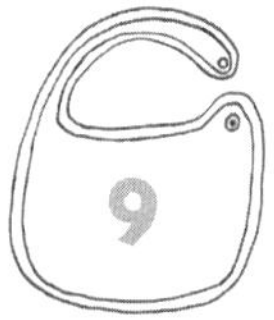

「食べること」が子どもの脳を発達させる

さて、脳が劇的に発達する幼児期にとりたい栄養、積極的に食べさせたい食材について、ここまでお話をしてきましたが、いかがでしたか？

脳細胞をやわらかくするＤＨＡを魚から、神経伝達物質の材料となるタンパク質を肉から。そして、記憶の定着に欠かせないレシチンを大豆や卵からとり、脳をスピーディーに動かすためのカルシウムを牛乳からとるなど。かしこい脳をつくるために必要な栄養素がだんだんおわかりになってきたのではないでしょうか？

こうした栄養に加えて、もうひとつ脳への刺激を与えるという意味で大切な要素があります。それは、**「咀嚼《そしゃく》」**です。

最近の食べ物に不足している「咀嚼」も脳の発達に必要

「口の中で食べ物を噛むこと」によって、脳には刺激が与えられます。この刺激が脳を発達させます。ですから、噛みごたえのない、やわらかいものばかりを好んで食べていると、子どもの脳の発達によくありません。

和食には、**根菜類や豆、小魚**など、しっかり噛んで食べるメニューがたくさんあります。日本人が昔から食べていたこうしたメニューは、脳の発達にとてもいいものだったのですね。

でも、現代人はフワフワしたもの、口当たりの滑らかなものを好む傾向にあります。とくに子どもには離乳食からの延長で、ついついやわらかくて食べやすいものを与えがちですが、**乳歯が生えそろったら、ぜひしっかり噛む食材**を食べさせてあげてください。

お菓子もときには豆菓子など、噛みごたえのあるものにしてみるのもいいですよ。

食べることは五感を働かせる

さて、脳を発達させるための「刺激」という話題が出たところで、もう少し広い意味での脳への刺激についてもお話ししておきましょう。

脳への刺激というとちょっとわかりにくいですが、これはいってみれば**五感を働かせる**ということです。「見る」「聞く」「触る」「においを嗅ぐ」「味わう」といったことすべてが脳への刺激になります。

美しい景色を見たり、音楽を聴いたりといったことが脳を発達させる刺激になることはみなさんもよくご存じですよね。

そして、この5つの要素を1つひとつ改めてよく見ていくと、**料理をしたり食べ物を食べたりするという行為そのものが、この五感を刺激するものになっている**ことがわかります。

おいしそうな盛りつけを見て感動したり、キッチンでトントンと野菜を刻む音や鍋がシューシュー湯気を立てる音を聞いたり、ふわふわのパンに触れたり、だしのいい香りをかいだり、そしておいしく食事をいただいたり。まさに五感のフル活用です。

加えて家族で食卓を囲んで楽しく会話するといった、コミュニケーションも脳の発達に欠かせない要素です。

つまり、「食べる」ということは、単に空腹を満たすだけの行為ではないのです。食事という行為そのものが人間の心と体にとって大切だという意識を、ぜひお子さんの心に育んであげてください。

食事を通して、こうしたことを体験的に学ばせることは、幼児期の食事の重要な目的なのです。

料理は「育脳」に最適！子どもが自分で考える力がつく

私は講演会やセミナーで「お子さんと一緒に料理をしましょう」とよく言っています。

料理は五感をフル活用して行なう作業です。食材を目で見て、においをかぎ、味見をする。そして、耳で湯が沸く音や油で炒める音を聞き、食材も触ってその感触を確かめます。このように五感を活用することで脳は刺激され、どんどん発達していくからです。

「えっ？　うちの子が料理？　そんなの無理無理無理～」という親御さんもいらっしゃるかもしれません。「子どもに料理をさせたら台所がちらかって大変！」という否定的な声も聞こえてきそうです。

でも、そんなことはありません！　お子さんたちはみーんな、とっても料理上手。私はこれまでに講習会などで、たくさんのお母さん、お子さんと一緒に料理を楽しんできましたが、そこで感じたのは、お子さんたちがみな好奇心旺盛で、物事を吸収する力もすごいなぁ、ということです。

3歳から包丁がもてる！

ちょっと驚かれるかもしれませんが、**「3歳から包丁がもてます。5歳になったら揚げ物以外の料理は何でも可能」**なのです。

もちろん、最初は包丁も火も使わない作業から始めるといいでしょう。たとえば、パンの上にお好みの具材とチーズをトッピングしてトースターで焼く、といったパンピザや、レタスを手でちぎって盛りつけるサラダなど。砂糖や牛乳を測ったり、砂糖と粉を混ぜ合わせたりといったデザートづくりにも、お手伝いポイントがいっぱいです。

こうしてだんだん慣れてきたら、包丁をもたせてみましょう。刃先を丸くしたり、両端に刃をなくしたりして、指や手を切ってしまわないような工夫が施された子ども用の包丁も販売されています。

そして、電子レンジやトースターを使ってできる料理からスタートしてみましょう。炒める、焼くなどの作業は、ホットプレートなど直火を使用しない調理器具から始めるのもよいですね。

お手伝いをさせるなら、全プロセスを経験させる

子どもに料理のお手伝いをさせるときに、みなさんやりがちなミスがあります。それは作業の一部分だけを手伝わせること。たとえば、じゃがいもの皮むきだけとか、ドレッシングを混ぜるだけとか。

これはあまりおすすめではありません。料理は、完成までのプロセスを経験することが重要です。なぜなら、**「感動」**と**「達成感」**が得られるからです。一部

の作業だけでは、達成感は得られません。だからイヤイヤのお手伝いになってしまい、脳にいい刺激にもならないのです。

ところで、料理って、段取りが大事ですよね。どの順番で作業を進めると効率がいいかとか、こっちのコンロで先にゆでて、こっちのコンロでは煮汁をつくって、などなど頭を使います。子どもに料理をさせると、こういった段取りを自分で考えるようになります。これも料理の効能です。

ビジネスを円滑に進める手法に「ＰＤＣＡサイクル」という考え方があります。

これは、Ｐｌａｎ（計画）→Ｄｏ（実行）→

Check（評価）→Action（改善）の4段階を繰り返すことによって、業務のあり方を継続的に改善していくという方法で、作業能力がアップし、業績も上がるといわれています。

料理はまさにこの「PDCAサイクル」のプロセスそのもの。料理を通して、このプロセスを体験することは、お子さんの学習能力を高めるよい機会になるでしょう。

ぜひ、お子さんと一緒に料理を楽しんでください。

第4章

［小学生（6歳～12歳）］

授業に集中できる脳をつくる食事

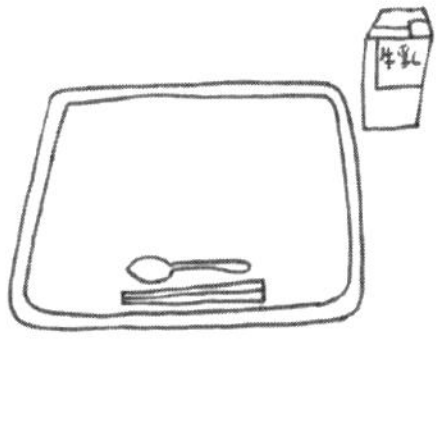

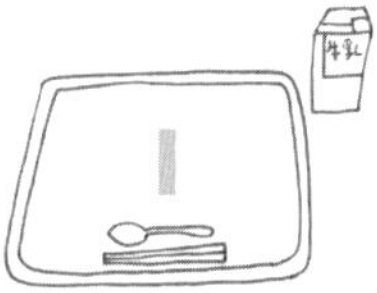

脳を動かすエネルギー源は糖質

ここまで、脳をつくる栄養・食事についてお話をしてきました。脳の60％が脂質、40％がタンパク質でできていること。だから、その材料となる油脂やタンパク質は質のいいものをしっかりとらなくてはいけない、ということがおわかりいただけましたか？

また、脳の神経細胞は5～6歳ごろまでにほぼ、9割以上が完成してしまうというお話もしました。しかし、それ以降も脳の細胞の発達は20歳くらいまで続き、その後も常に脳細胞は入れ替わり続けます。DHAを含む質のいい油とアミノ酸スコアの高い良質なタンパク質をとることは、幼児期以降も引き続き心がけておきたいものです。

そして、小学校に入学をしたら、これまでとは少し違った角度からも、脳を元気にする食事を考えていく必要があります。

小学校に入学すると、いよいよ本格的に「学習」が始まります。すなわち、**「毎日授業を受ける」ことが子どもの生活の中心**になってきます。ですから、いかに脳を学習の効果がしっかり上がる状態にしていくかというのが、この時期の食事のポイントになります。

車体をつくるのが脂質とタンパク質なら
脳を動かすガソリンは糖質

脳の働きを車にたとえるなら、ここまでお話ししてきたことは、快適かつスピーディーに走れる、性能のいい車体をいかにつくるかということです。

ここからは、つくり上げてきた脳を動かすための「ガソリン」についてお話しします。

脳にとってのガソリン、すなわち**脳を動かすための栄養とは「糖質」**です。

糖質というのは、おもにごはんやパン、麺類など、主食に含まれているもの。また、砂糖ももちろん糖質です。

まず、糖質がどのようにして脳活動に利用されるのかを確認してみましょう。

食べ物から摂取した糖質は胃腸で消化され、**ブドウ糖**となって血液に吸収されます。ブドウ糖は血液に運ばれて脳へとたどりつき、思考などの脳活動に利用されます。おなかがペコペコのとき、頭が働かないというのは脳のエネルギー不足、すなわちガソリン切れの状態、ということです。

したがって、**学習に最適な状態の脳というのは、そのエネルギー源である糖質が一定量、安定供給されている状態**のことをいいます。

脳は大食いで、美食家！

糖質は、脳の活動に限らず、運動など、人間の活動すべてに使われるエネルギー源です。それでは、1日にどのくらいのエネルギーを消費しているかおわかりになりますか？

じつは、脳はとても食欲旺盛な臓器で、非常にたくさんのエネルギーを消費します。脳の重量は体全体のわずか2％と小さいのに、消費するエネルギーは体全体の消費量のうち、かなりの割合を占めています。大人の場合は、全体エネルギー消費量の20％、**5歳児で40％以上、乳幼児ではなんと50％以上を脳が消費している**のだそうです。

ちなみに脳の重さの平均は、大人は約1400g、生まれたての赤ちゃんは400g、2歳で倍近い約700g、さらに5歳児では約1300gといわれています。

しかもブドウ糖はためておくのに限りのある栄養素で、体の中ですぐに古くなってしまい、エネルギー源としては使いものにならなくなってしまいます。ですから、一度に大量に糖質をとって、何日かかけて消費する……ということはできません。

脳は「フレッシュなブドウ糖しか受けつけない」美食家なのです。ですから、毎食きちんと糖質をとり、脳へ新鮮なブドウ糖を送る必要があります。

しかも、人間はまったく動かなくても1日におよそ260gのブドウ糖を消費しています。そしてそのうちの120gはなんと脳が消費しているのです！

私たちが1時間、脳を働かせるのに必要なブドウ糖の量は約5gといわれています。運動したり脳を酷使する仕事や勉強をした場合は、さらに消費されてしまうので、安定して補給することが大切なことがわかりますね。

ごはんお茶碗1杯（150g）に含まれるブドウ糖、約50gを目安に、きちんととりましょう。

2 1日の学習効果を左右する「朝ごはん」はとくに重要!

さきほど脳は大食い、といいましたが、私たちが寝ている間にも、脳はブドウ糖をむしゃむしゃと食べて消費しています。ですから、朝起きたときはじつは脳の中のエネルギーは空っぽ。ガソリン切れの状態で目覚めます。

ですから、**朝ごはんではまず、1日の活動エネルギーであるブドウ糖を補給すること**がとっても大切です。朝、糖質を含む食材、お米やパンなどの主食をとることが欠かせません。

朝食の大切さはいろいろなところでいわれていますので、何となく知っている、という方も多いでしょう。でも、講演などで実際に小学校を訪ねてみると、先生方からは「朝食を食べさせていないご家庭が多いですよ」というお話をよく聞きます。「朝は子どもの食欲がなくて食べたがらないから」という理由が多いようです。
たしかに、朝起きてすぐは食欲がわかないかもしれません。早起きをして少し体を動かしてから朝食にするなど、生活時間帯の見直しも必要でしょう。

また、朝食が食べられないことも、余裕をもって早めの時間に起きられないことも、その大きな原因は前日の夜ふかしにあるのかもしれません。さらに夕飯が遅いと、消化吸収が思うように進まず、朝起きたときおなかがすいていないという事態にもつながります。

早寝早起きは子どもの生活の基本中の基本。もう一度見直したいですね。

血糖値の急な上昇は、脳の活動を妨げます

さらに、脳活動を活発にする、すなわち学習効果を上げるための朝食という意味では、単に「朝ごはんを食べればいい」わけではありません。その中身。「何を食べるか」が重要になってきます。

眠っている間にすっかり消費して空っぽになってしまったエネルギー源、**ブドウ糖を朝ごはんで補う**必要があると同時に、そのエネルギーが一時的なものではなく、**昼食までもつ**、安定供給できることがさらに重要です。

「安定供給できるエネルギー源って何?」そんな疑問が聞こえてきそうです。

では、ここで、脳のエネルギー補給と大きく関係のある**「血糖値」**についてご説明しましょう。血糖値というと、糖尿病に関連するなど、おもに中高年が気になる数値です。ですから、子どもの食事で血糖値のお話をすると、たいていみなさん「子どもに血糖値なんて関係あるの?」と驚かれます。

それがあるんです。

まず、血糖値のしくみについて見てみましょう。食事からとった糖質は酵素などの働きによって体内で分解されてブドウ糖になります。ブドウ糖は腸から吸収され血管内に入っていきます。そうすると、血管内のブドウ糖の量が増えます。これが「血糖値の上昇」です。

血管に入ったブドウ糖は脳に運ばれて脳活動に使われるほか、全身のさまざまな場所で人間の活動エネルギーとして用いられます。

ここで重要になるのが、**血管にブドウ糖が入っていく「スピードと量」**です。このスピードが速く、量が多いと、一気に血管内にブドウ糖が増えすぎてしまいエネルギーとしての消費が追いつかず、血管内にブドウ糖があふれてしまいます。血管内のブドウ糖が過剰になった状態を**「高血糖」**と呼びます。高血糖状態になると、この余分な糖を消費する「インスリン」が追加分泌されます。

しかも、急激に大量のブドウ糖が血管にあふれるために、インスリンもどんどん分泌され、必要以上に大量に分泌されてしまいます。そして、結果的には分泌されすぎてしまい、今度は血糖値を下げすぎてしまうことになるのです。

そうなると、今度は逆に**「低血糖」**の状態になります。ここがクセモノです。**低血糖になると、脳が働かなくなり、集中力が下がり、眠くなったり、だるくなったりしてしまう**のです。

ちょうどそれは朝食後、1時間くらいたったころに現れます。ですから、**朝ごはんで急激に血糖値を上げてしまったお子さんは、だいたい2時間めごろになると、低血糖状態を起こしてぼーっとしてしまい、授業に集中できなくなってしまいます。**

血糖値を急激に上げると、キレやすくなる

また、血糖値を下げるためのインスリンの分泌が追いつかず、ブドウ糖が血管にあふれた「高血糖」の状態が長く続くと、余分なブドウ糖は細胞を構成するタンパク質と結びついて**「糖化」**という現象を起こします。糖化は**細胞の劣化**を招くのですが、これが脳の細胞で起きると、脳の働きを悪くする原因になります。

また、必要以上にとったブドウ糖は脂肪として蓄えられるため、肥満の原因にもなります。

さらに、こうした血糖値の急激なアップダウンは、脳を疲労させてしまい、精神的に不安定な状態を招きます。イライラして「キレる」という状態になるのも、この血糖値の急激なアップダウンが原因である場合があります。

脳の活動を快適に保ち、精神を安定させるためには、食事でとった糖質がゆっくりブドウ糖に分解され、徐々に血液に吸収されるようにすることが大切です。ブドウ糖が徐々に血液に吸収されていけば、急上昇した血糖値を下げようとするインスリンが大量に分泌されることもないので、血糖値を下げすぎて逆に低くなりすぎる、といった乱高下もなくなります。

朝ごはんで注意すべき糖質は、ごはんやパン、シリアルだけではないことにも気をつけてください。たとえば食後にバナナ1本食べたら、それだけで糖質量はかなりアップします。

ただ、矛盾するようですが、昨今の糖質制限の食事を子どもに適用するのは行きすぎです。大人が制限すべき栄養素と子どもが必要としている栄養素はまったく考え方が異なります。子どもにとって糖質は大切な栄養素です。

糖の分解と吸収がおだやかに行なわれるようにするには、糖質のとり方にちょっとしたコツがあります。それを次項でくわしくご説明しましょう。

糖質の吸収スピードを抑える食事のコツ

摂取した糖質が一気に吸収され、血糖値を急激に上げてしまう食べ物はどんなものかというと、それは、**白米や白パン**といった**精製された穀類**です。

もともと穀類には、**食物繊維やミネラル**が豊富に含まれており、これらは**体内で糖質の吸収スピードを抑える働き**があります。ですから、精製前の玄米や全粒粉の小麦であれば、糖質はゆっくりと吸収されます。

ところが、食物繊維やミネラルは、ほとんどが外皮などに含まれているため、精製の過程でとりのぞかれてしまいます。

つまり、糖質の吸収を妨げるものがとりのぞかれてしまっている白米や白パンを食べると、そこに含まれる糖質はすばやく一気に吸収されてしまい、血糖値が急上昇してしまうのです。

白米より胚芽米、白パンより雑穀パンを

穀類を選ぶときは、血糖値の上昇を抑えるため、**精製度の低いもの**にしましょう。ただし、玄米はかたくて、消化吸収が悪く、子どもにはちょっと食べにくいので、私はおすすめしていません。胚芽の部分だけを残した**胚芽米**や、一部だけを精製した**分づき米**、発芽させることで外皮がやわらかくなった**発芽玄米**がおすすめです。

また、白米に食物繊維やミネラル豊富な雑穀（粟、ひえ、きび）などを加えて**雑穀米**にしたり、麦を加えて**麦ごはん**にしたりするのもいい方法です。

パンなら、白パンではなく、**全粒粉パン、雑穀パン、ライ麦パンなど。茶色っぽいパン**を選ぶといいでしょう。

また、**シリアルも、食物繊維やミネラル豊富な穀物を多く使っているもの**を選ぶと、

3歳ごろから

パーフェクトシリアルボウル（1人分）

玄米フレーク30〜50g、バナナ1/2本、プルーン2粒、刻んだナッツ10gをボウルに入れて、豆乳100〜150㎖をかけアマニ油小さじ1をたらす。
甘味が欲しいときは、オリゴ糖かはちみつを加える。

血糖値を安定させる、朝食にぴったりの主食になります。玄米を原料にしたものや雑穀が豊富に入ったものがいいでしょう。

糖質の吸収を抑える食物繊維やミネラル豊富な食材といえば、**ナッツやドライフルーツ類**もあります。これに、牛乳をかけて、タンパク質やカルシウムをプラスした**「シリアルボウル」**は朝、子どもたちにぜひとってほしい栄養がすべてワンボウルに詰まった完全食です。

忙しい朝にも、すぐに食卓に出せるので、ぜひ朝食用に常備しておきましょう。

白米も食べ合わせで、糖質の吸収スピードをダウン

白米は血糖値を急激に上昇させるから、なるべく避ける……といわれても、やはり炊き立てのフカフカの白米はおいしいですよね。子どもも大好きです。まったく食べないというのはさみしいですよね。

そこで強い味方になってくれるのが**「食べ合わせ」**という考え方です。

白米を食べるときは食物繊維やミネラル豊富な食材を組み合わせて、血糖値の上昇を抑えようという工夫です。組み合わせる食材としては、**野菜全般、きのこ類、海藻類などが有効**です。

また、**タンパク質**が豊富な食材も血糖値上昇を抑える働きがあります。乳製品や卵と組み合わせると、白米による血糖値上昇はぐっと抑えられます。

こうした、血糖値上昇の違いを考えるとき、参考になるのが**「GI値」**です。GI

食品のグリセミック・インデックス(GI)値

100	ブドウ糖
80-89	フランスパン、ベークドポテト
70-79	精白粉でつくったパン(食パン)、マッシュポテト、ポップコーン、すいか、にんじん、かぼちゃ
60-69	炊いたごはん(白米)、全粒粉でつくったパン、レーズン、アイスクリーム、チョコレートバー、砂糖(しょ糖)
50-59	玄米、ゆでたスパゲッティ、ゆでたポテト、バナナ
40-49	ライ麦パン、ゆでたスパゲッティ(全粒粉)、オレンジ、ぶどう、オレンジジュース、グレープフルーツジュース、アップルジュース
30-39	ヨーグルト飲料(加糖)、りんご、なし
20-29	牛乳(脂肪分3%)、ヨーグルト(無糖)
10-19	ピーナッツ

ごはん(白米)と食品を組み合わせたときのGI値の変化
GI値は加工方法、食品の組合せ、咀嚼回数などで変化する。
+低脂肪乳　69
+インスタント味噌汁　61
+無糖ヨーグルト(ごはんより先に食べたとき)　59
+ごはん(白米)と納豆　56

『Glycemic Index』(シドニー大学)の資料を参考に作成

値とは、「グリセミック・インデックス《Glycemic Index》」の略で、血糖値の上昇率を表す指標です。ブドウ糖をとったあとの血糖値の上昇率を100として、さまざまな食材の数値を示しています。参考までに、少し上に掲げました。GI値の高い白米などを食べる際には、**GI値の低い食品を組み合わせると、血糖値の上昇はちょうどその中間ぐらいに抑える**ことができます。

野菜、きのこ類、海藻類のGI値は15以下です。

糖質と一緒にとる微量栄養素の働きにも注目！

さて、糖質をとる際、血糖値を急上昇させず、安定して脳にエネルギーを送るためのアドバイスをしてきましたが、ここでもう一度、「糖質は脳を動かすエネルギー源」という基本に立ち返ってみましょう。

糖質は脳を動かすエネルギー源です。しかも長時間蓄えておくことができないので、毎食摂取する必要があります。そして、ここでご紹介しておきたいのが、**糖質をしっかりエネルギーに変換して活用するための栄養素、ビタミンB_1**です。

ビタミンB_1は糖質の代謝を助けます。これが不足していると、せっかくとった糖質をエネルギーに変化して使用することができず、体内に脂肪として蓄えられてしまいます。つまり、余談ではありますが、お母さんのダイエットにも不可欠な栄養素、というわけです。

ビタミンB_1は、**豚肉やうなぎ、たらこのほか、ごはんのお供として活躍する、海苔や豆類、ぬか漬け**にも多く含まれています。ぜひこうしたものも意識して、ごはんと一緒にとるようにしましょう。

また、もうひとつ脳にエネルギー源を供給する際に大事な役割をする栄養素として、**鉄分**も紹介しておきます。

鉄分は血液を構成する成分として知られています。貧血予防に欠かせませんね。鉄は血液中の栄養素を必要な場所へ運ぶ運搬係でもあります。不足すると血の巡りが悪くなり、必要な場所へ必要な栄養素が運ばれなくなってしまいます。

つまり、脳に必要なエネルギーを届けるためにも鉄は不可欠なのです。

鉄分を多く含む食材としては、**牛肉、あさりやしじみなどの貝類、豆乳や枝豆、納豆などの大豆食品、ほうれん草やパセリ、小松菜などの青菜、青海苔、ひじきなどの海藻類**があります。

こうしたビタミンB_1や鉄など、糖質をエネルギー源として活用する際のサポートを

3歳ごろから

育脳ふりかけ

白ごま50g、青海苔大さじ5、かつお節10g、乾燥小魚(無塩のもの)10gをフライパンで炒り、合わせておいた調味料(みりん、しょうゆ各大さじ1・はちみつ小さじ2)を加えて、水分を飛ばすように炒める。

してくれる微量栄養素を、ごはんと一緒にとれば、効率よくエネルギーが利用されて、脳もばっちり働きます。

ごはんにかけるだけで手軽にこれらの微量栄養素がとれる「育脳ふりかけ」を上にご紹介しておきます。

ぜひ、つくり置きして、ごはんにひとふり！ お子さんの脳を元気にしてあげましょう。

4

白い砂糖は集中力を低下させ、「キレる」子の原因に

白米や白パンなど、精製された穀物に含まれる糖質以上に、吸収スピードが速いのが、砂糖（しょ糖）です。

砂糖の原料は、おもにさとうきびやビート（大根）です。原料そのものにはミネラルが含まれています。しかし、精製することでそのミネラルがほとんどとりのぞかれてしまっています。ですから、体内ですぐにブドウ糖に変換され、血糖値を急上昇させてしまうのです。

朝から甘い菓子パンは脳にとって危険です

たとえば、砂糖のたっぷり入った甘いお菓子を食べると、血糖値は急上昇し、インスリンの大量分泌につながり、その後は血糖値が下がりすぎて無気力になりやすいのです。

ですから、朝食に砂糖たっぷりの菓子パンに甘いジュースという組み合わせはたいへん！　血糖値は一度急上昇し、学校で2時間めあたりには急降下。エネルギー不足となって授業に集中できなくなる危険性がありますので、要注意です。

白い砂糖に潜む子どもの成長への悪影響

血糖値が急激に上昇する以外にも、砂糖のとりすぎは子どもの脳や体に悪影響がありますので、そのことをここでまとめておきましょう。

ひとつには、白砂糖は体内で分解される際に**ビタミンB_1を大量消費する**ということ。ビタミンB_1は、糖質の代謝に欠かせない栄養素です。不足すると、せっかくとった糖質をエネルギーに変換して活用することができません。よって、エネルギー不足に陥って疲れやすくなったり、使いきれずに余った糖質が肥満の原因になったりします。

また、砂糖は酸性の食品です。人間の体は基本的に弱アルカリ性なので、酸性食品である砂糖が大量に体内に入ると、中和するために体内のミネラル分が多く使われます。このとき、最も多く消費されるのが**カルシウム**なのです。

体内に必要なカルシウムが足りなくなると、骨や歯を溶かして供給されることになってしまいます。カルシウムは精神を安定させる働きをもっているので、カルシウムを消費してしまう白砂糖を過度に摂取すると、**イライラと怒りやすい性格**になる傾向にあるといわれています。

白砂糖は果糖とブドウ糖がくっついてできたもので、このつながりは胃酸や消化酵素が働きかけてもなかなか切り離すことができません。よって、**消化不良**になってしまうことが多いのです。消化されずに体内に残った糖は、腸内の悪玉菌の大好物。悪玉菌を増やす原因になります。

悪玉菌が増えると、免疫システムとして働いている白血球が悪玉菌を退治しにかかりますが、悪玉菌を殺したあとの白血球の死骸からは、**活性酸素**が大量に生み出されてしまいます。活性酸素はさまざまな不調を引き起こし、脳の働きにも悪影響を及ぼします。

コップ1杯のコーラには、大さじ2杯半（30g）の砂糖が含まれています。こうした飲み物に含まれている砂糖は、甘みを感じるひまもないままに、無意識のうちに大量消費されてしまうのでとくに注意が必要です。

もちろん、「甘み」は子どもたちも大好きなものなので、甘いものはある程度必要です。砂糖をとる際には、**血糖値の上昇を抑える乳製品やタンパク質を多く含む食品、食物繊維が豊富な食品と一緒にとる**などの工夫を忘れないようにしてください。

また、家庭で料理やお菓子に利用するなら、**ミネラルを含んでいる甘味料がおすすめです。きび砂糖、てんさい糖、黒砂糖**は適量なら安心して使えます。

5 加工食品・外食との上手なつきあい方

小学生になるといろいろなものが食べられるようになり、かなり大人と同じ食事内容に近づいてきますね。スポーツや習いごとなど、生活もだんだんと忙しくなってきます。

また、子ども参加のイベントや地域の集まりでもいろいろなお菓子が配られたり、お友だちと食事をともにする機会が増えたりと、お子さんの社会性が広がると同時に、食環境もぐっと広がるでしょう。

そんな中、この年代で一気に増えるのが、**市販のお菓子、加工食品、インスタント食品、ファストフード**などを利用する機会です。こうした食品は便利だったり、子どもにとっては魅力的だったりするので避けられないことも多いでしょう。

まったくなくすことは不可能ですし、すべてが悪いわけではありません。ただし、上手につきあっていくコツを覚えていただきたいと思います。

カレーやシチューのルウにたっぷり含まれる飽和脂肪酸

たとえば、子どもが大好きなカレーやシチューは、野菜もお肉も一度に食べられる優れモノのメニューですが、ちょっと気になるのが「市販のルウ」です。そこには、飽和脂肪酸がかなり多く含まれています。飽和脂肪酸は第3章で説明したように、脳をかたくする油脂です。とりすぎないよう注意したいものです。

できることなら、市販のルウは使わずに、カレーならカレー粉と小麦粉、シチューなら牛乳をベースにつくっていただきたいですね。

「ルウを手づくり⁇ そんなの無理！」と叫んだ方、大丈夫ですよ。決してむずかしくはありません。次ページにレシピをご紹介しておきます。やさしい味に仕上がりますのでぜひ、試してみてください！

調理30分

3歳ごろから

ルウを使わないカレーベース

1. (A)を耐熱容器に合わせてラップをし、電子レンジで10分加熱する。

2. (1)をフライパンに入れ、炒める。ここに合わせておいた(B)を少しずつ加え、大豆を加えて10分ほど煮て、アクをのぞく。

3. (C)の材料でルウをつくる。別のフライパンにバターを溶かし、小麦粉を焦がさないように弱火で5分ほど炒める。ここにカレー粉を加えて香りが出るまで炒める。

4. (3)に(2)をお玉1杯分ずつ加えてとろみをつけながら混ぜ、最後、(2)のフライパンに戻し、塩で味を調える。
ここまででカレーベースのできあがり。お好みの野菜や肉、魚をレンジで加熱したものを加える。

材料(4人分)

(A)たまねぎ(みじん切り)･1個
(A)しょうが(みじん切り)･･1片
(A)オリーブ油………大さじ3
(A)トマト……………………1個
※種をとり、2cm角に
(A)干ししいたけ…………3枚
※手で折る。
スライスを使用しても可
(B)水……………………300ml
(B)鶏ガラスープの素
……………………小さじ2
蒸し大豆………………75g
(C)バター…………………20g
(C)小麦粉……………大さじ2
(C)カレー粉……大さじ1と1/2
(C)塩……………………少量

それでもやはり「時間がない！」というときは無理をする必要はありません。市販品を使いましょう。ただしその際も、飽和脂肪酸の摂取量を減らす工夫はしておきたいですね。

たとえば、**レトルトカレー１袋を使用して、家族４人分のドライカレー**をつくってみてはいかがでしょうか。このようにして、１人分の摂取量を減らすというのもいいアイデアです。

ただ、こうしたレトルト食品には家庭でつくるよりも肉や野菜などの具材が少なく、必要な栄養がとれないという難点もあります。

そこで、こうした食品に頼るのは味つけの面だけ、と割り切って、**肉や野菜をおうちでプラスする**ようにするといいでしょう。たとえばミートソース缶も市販のものでは肉がほんの少ししか入っていません。ひき肉を炒めて加えるだけで、栄養価はぐっとアップしますよ。

インスタント食品に含まれるトランス脂肪酸に注意

3歳ごろから

調理25分

ソーセージとお豆のクリームチャウダー

1. フライパンにバターを熱し、たまねぎをじっくり炒める。じゃがいもと豆を加えて炒め、蓋をしてやわらかくなるまで、ときどき水を加えながら蒸し煮にする。

2. (1)に薄力粉を加えて炒め、牛乳を少しずつ入れてダマにならないように混ぜ、とろみを確認しながら加える。

3. (2)に鶏ガラスープの素とソーセージを加え、ひと煮立ちしたら塩・こしょうをふる。

材料(2人分)

ミックスビーンズ	150g
バター	25g
たまねぎ(※1cm角)	1個
じゃがいも(※1cm角)	2個
薄力粉	大さじ2
牛乳	2カップ
鶏ガラスープの素	大さじ1
ソーセージ	1袋(10本)
塩・こしょう	少量

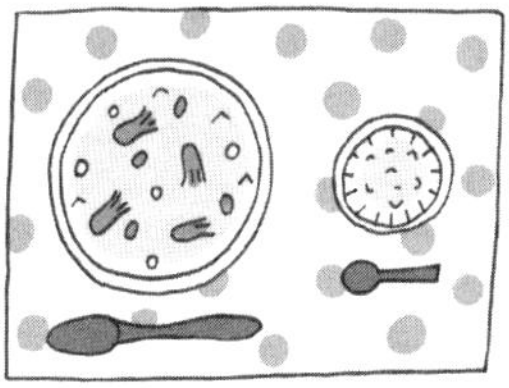

　また、脳をかたくする油脂として、ルウや肉に含まれる飽和脂肪酸以上に気をつけたいのが**「トランス脂肪酸」**です。

　トランス脂肪酸とは、常温で液体の植物油や魚油から、半固体または固体の油脂を製造する加工技術のひとつ**「水素添加」**を行なう際につくられます。

　トランス脂肪酸を多く含む油脂といえば、マーガリンやショートニング。そして、それらを原材料に使用した市販のパンやクッキー、スナック菓子、ファストフードなどにも含まれています。
本書で何度も述べてきたように、脳の60％は脂質で構成されていて、脳の働きと摂取する油の質はたいへん密接につながっています。このことはみなさんも、よくおわかりですよね。

神経細胞を構成する脂肪の中に、DHAが多く含まれている神経細胞はやわらかく、情報伝達がスムーズ＆スピーディーに行なわれます。これに対して、**トランス脂肪酸が占める割合の多い神経細胞では、情報伝達スピードが遅く、うまくいかない**という調査結果が報告されています。

トランス脂肪酸が占める割合が大きいと、神経細胞はかたく、その働きも悪くなります。「とりすぎ」には注意したいですね。

とはいっても、これだけ市販のお菓子が出回り、ファストフードが大繁盛しているこの現代、トランス脂肪酸をまったくとらないようにするというのはかなり至難の業でしょう。

神経質にならない程度に、できるだけ避ける、摂取する量を減らす、というのが無理なくできる範囲だと思います。たとえばお菓子なら、小学生になってもできればスナック菓子は避けて、ドラッグストアで売っているような**「幼児向けのお菓子」**を選ぶようにするといいでしょう。

また、近年、メーカーによってはお菓子やパンについて、トランス脂肪酸の含有量情報を公開していますので、こうした情報を参考に選ぶのもいいですね。とにかく気をつけたいものです。

外食では親も一緒に楽しみましょう!

ファストフードやファミレスを利用する機会も多いですよね。でもファストフードの定番、フライドポテトはトランス脂肪酸が多く含まれています。ファミレスの揚げ物メニューも同様です。

でも、だからといって、お友だちといっしょのときにこうした店に入らないようにするというのも、ちょっとさみしいですよね。

もし、ファミレスなどでメニューを選ぶとしたら、**魚中心で、揚げ物の入っていない「和定食」**を選ぶといいでしょう。普段の食事でとりにくい小鉢などもついてきますので栄養バランスも整います。また、意外とおすすめなのが、**「お子様ランチ」**です。おかずがバラエティに富んでいるほか、栄養バランスにも配慮されているものが多いんですよ。

外食は、社会経験を積む場として、子どもにとっても意味のあることです。よその人たちと一緒の空間で食事をして、マナーを覚えたり、おうちとは違ったメニューに触れることで食の楽しみを広げたり、外食ならではの経験ができます。

ですから、「毎日のことではない。たまのごほうび」と考えて、頻繁でないなら外食は思いっきり楽しんでもいいのでは、と思います。

いつも完璧を目指していては息切れしてしまいます。毎日家事と育児に追われている親にとっても、ときには息抜きも大切。子どもと一緒に外食の時間を楽しみましょう。親の笑顔は子どもの何よりの栄養ですよ。

第5章

[中学生（13歳～15歳）]

試験に強い脳と体をつくる食事

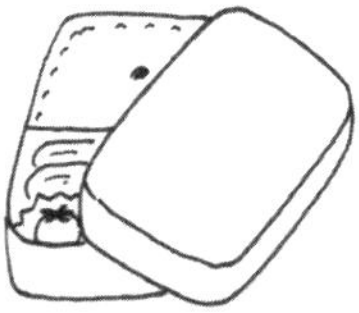

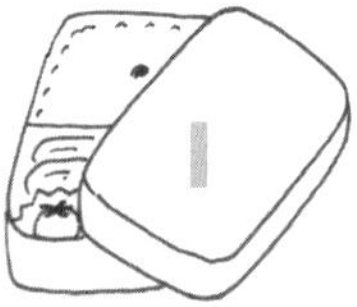

栄養素はチームで脳の働きを サポートします

中学生になると、体格もかなり大人に近づいてきて、食べる量・メニューもほぼ大人と変わらなくなってきます。また、勉強もより本格的になります。定期テストの準備勉強や高校受験など、試験にのぞむ回数も増えることでしょう。

試験でいい結果を出せるようになるには、やはり、**脳の活動を活発にする食事**が重要です。中学生の食事の考え方も、ベースは乳幼児・小学生の考え方と共通ですので、もう一度確認しておきましょう。

第一に、**やわらかい脳をつくること。**

すばやく思考を巡らせ、しっかり記憶をできる脳とは、脳の神経細胞間で情報のキャッチボールをすばやく、確実にできる脳のこと。そのためには、グローブにあたる受容体が動きやすい、やわらかな脳細胞をつくることが大切です。

そこで、脳細胞をやわらかくするDHAをしっかりとることが、かしこい脳をつくる最大のポイントになります。

次に、**情報のキャッチボールを行なう際のボールを増やすこと**。

情報のキャッチボールに使われるボールが神経伝達物質で、ボールの数を増やすためには、材料である**タンパク質**をしっかりとる必要があります。

3つめは、**脳を動かす燃料にあたる糖質を正しくとること**。

燃料切れで脳活動が止まってしまわないよう、常に糖質を一定量、安定供給する必要があります。そのためには、糖質の分解や吸収を抑制する働きのある**食物繊維**や**ミネラル**と一緒にとり、少しずつ、常に供給できるようにしましょう。

三大栄養素の有効活用をサポートする、ビタミン

さて、ここまで見てくると、脳の活動に必要な栄養素とは、脳の細胞をつくるための材料、タンパク質や脂質。そして、燃料である、炭水化物（糖質）。人間に必要な三大栄養素として、小学校や中学校の家庭科の時間に習ったものと同じですね。

そこで、ここから考えたいのが、こうした**三大栄養素をより効率的に体内で働かせるための栄養素、ビタミン**と**ミネラル**についてです。

中学生になると勉強も運動もぐっと高度になります。毎日のこうした活動が、より効果的に行なえるようにサポートできる栄養のとり方を考えたいですね。また、味覚の世界も大きく広がり、食べられる食材の幅も広がります。いろいろな料理を一緒に楽しみましょう。

まずはビタミンについて見ていきましょう。

ビタミンは三大栄養素のように体の構成成分にはなりませんが、体の機能を正常に維持するために不可欠な成分です。また、多くのビタミンには、**糖質・脂質・タンパク質の代謝が円滑に行なわれるようサポートする働き**があります。

たとえば、**ビタミンB_1は糖質の代謝**に欠かせないビタミンです。すでに述べましたが、脳のエネルギー源である糖質をしっかりとったつもりでも、それを人間が活動するエネルギーに変換するビタミンB_1が不足すると、エネルギー不足になってしまいます。疲れやすかったり、集中力が途切れたりしてしまいます。疲れやすいお子さん、増えてますよね。

また、**タンパク質の代謝**に関わるのが、**ビタミンB_6**です。タンパク質は分解されて体内でアミノ酸になります。アミノ酸は人間の体をつくる材料であり、体内で細胞として再合成されます。

このとき、再合成の手助けをするのがビタミンB_6なんです。不足すると、せっかく摂取したタンパク質も、効率的に筋肉や脳細胞に利用されなくなってしまいます。また、脳が活動する際にキャッチボールでやりとりされるボール、すなわち神経伝達物質も、体内のアミノ酸から合成されます。

つまり、**ビタミンB_6は、元気で活発に活動できる、体と脳をつくるために欠かせない栄養素**なのです。

ビタミンB_6は**まぐろ、青魚（さんま・あじ・いわし）、さけ、豚もも肉、鶏むね肉、ピスタチオ、大豆**などに多く含まれます。

また、**ビタミンC**も、皮膚や腱、軟骨などの組織を構成する**タンパク質、コラーゲンの合成**に関わります。皮膚や骨の健康を維持したり、傷を修復したりするのに欠かせません。

ビタミンCはたいていの野菜、果物に含まれますので、しっかりとりましょう。

神経伝達物質をスムーズに働かせるカルシウム

次に、ビタミンと同様、必要量は微量ながら、人間の体において重要な働きをする

ミネラルについてご説明しましょう。

ミネラルの中でも、最もみなさんになじみがあるのが、骨や歯の材料として知られる、**カルシウム**ではないでしょうか?

カルシウムは、体内に最も多く存在するミネラルで、体重の1〜2%を占めています。そして、体内に存在するカルシウムのうちの99%は、骨や歯などの組織の中に存在します。

では、残りの1%はどこに存在すると思いますか?

それは、血液や筋肉など、全身の細胞です。必要に応じて血液をかためたり、筋肉を収縮させたり、人間の生命活動に使われます。神経の興奮を抑える働きもあります。

また、カルシウムは、思考する際に行なわれる情報のキャッチボールをスムーズに、スピーディーにする働きをもっています。つまり、**カルシウムは思考スピードを上げるには欠かせない栄養素**ということ。

カルシウムが不足すると、情報伝達がうまくいかない（＝思考力の低下）、脳内の情報を格納する場所に情報がうまく運ばれない（＝記憶力の低下）といった、学習能力の低下につながります。

さらに、繰り返しになりますが、カルシウム不足の子どもは、情緒が安定せず、キレやすくなる傾向にあるといわれます。

丈夫な骨や歯をつくるだけでなく、かしこい脳をつくるためにもカルシウムはしっかり摂取しなくてはなりませんね。

小松菜、ほうれん草、じゃこ、牛乳、チーズ、ヨーグルト、豆腐、ひじき、切干し大根など、カルシウムを多く含む食材を意識してとりましょう。

ただし、カルシウムはミネラルの中でも、とくに吸収の悪い栄養素です。吸収を助ける**ビタミンDやクエン酸と一緒にとる**のが効果的。**ビタミンDは魚やきのこ類に含まれ、クエン酸は柑橘類や酢、梅干し**などに多く含まれます。

牛乳に含まれるカルシウムは吸収率が高いうえに、たくさんとりやすいのでおすすめです。

ちなみに、中学生に必要なカルシウム量は1日850mgといわれていますが、実際の調査では平均的な中学生がとっているカルシウム量はおよそ600mgとのこと。あと200〜250mg摂取量を増やしたいところです。

この量は牛乳およそコップ1杯（200mℓ）で補えます（牛乳200mℓのカルシウム含有量227mg）。

必要量はわずかながら、大切な働きをする鉄、亜鉛、マグネシウム

カルシウムのほかにも、脳の働きに大きく関わり、思春期の成長に欠かせないミネラルがたくさんあります。

たとえば、**鉄**。鉄は血液中の赤血球の材料になり、頭から足の指先まで、全身に酸素を運ぶことがおもな役割です。ですから、**鉄分が不足すると血流が悪くなって脳に酸素が運ばれず、脳の働きが鈍くなってしまう**のです。

また、骨を強くするにはカルシウムだけでなく、鉄も必要になります。身長が急激に伸びる思春期に鉄不足になりやすいので気をつけましょう。

鉄分には、肉や魚などの動物性食品に含まれる「ヘム鉄」と、大豆食品や青菜に含まれる「非ヘム鉄」があります。その違いは、**体内への吸収率**。ヘム鉄は10〜30％なのに対して非ヘム鉄は5％以下。より効率的にとるなら、吸収されやすい動物性食品のほうが有利です。

また、鉄は体内で吸収されるときには必ずタンパク質と結合して運ばれます。タンパク質を多く含む、**肉や魚、卵や乳製品、大豆食品とともにとる**ことが大切です。そして、ビタミンCと一緒にとることで、吸収力がいっそうアップするということも覚えておくといいでしょう。**肉や魚に柑橘類を絞ってかけると効果的**ですね。

さらに、葉酸やビタミンB_{12}に造血作用があります。かぼちゃやブロッコリー、枝豆などの色の濃い緑黄色野菜ととることをおすすめします。

そのほか、脳の働きに欠かせないミネラルが**亜鉛**です。

脳の亜鉛が不足すると、**記憶力の低下**を引き起こすといわれます。脳は、情報を記憶したり整理したりする際、情報をいくつかに分類して記憶していますが、亜鉛にはこうした整理された記憶情報を呼びだすという重要な働きがあります。

亜鉛は、**牛肉や貝類、パルメザンチーズ、大豆製品**のほか、**海苔やしいたけなど黒い食品**にも多く含まれていると覚えておくといいですね。

そして、**マグネシウム**も忘れてはいけないミネラルです。300種類以上もある酵素の働きをサポートして、エネルギーをスムーズにつくりだすのに役立ち、神経の興奮を抑える働きもあります。

ミネラルの相互関係でややこしいことがひとつあります。じつは、カルシウムを多くとるほどマグネシウムの排出量が増えてしまうのです。ですから、カルシウムを意識して摂取すると同時に、マグネシウムもセットで摂取しなくてはなりません。**マグネシウムとカルシウムの摂取バランスは1対2が理想**といわれています。

マグネシウムは**海藻類**や**きなこなどの大豆製品、ごまやアーモンドなどのナッツ類**

に多く含まれます。

このように、ビタミン、ミネラルには、さまざまな栄養素が効率的に利用されるよう、お互いにサポートしあう働きがあります。

かしこい脳を維持するためには、ひとつの栄養素に偏ることなく、さまざまな食材に含まれている微量栄養素をきちんととり、バランスのいい食事を心がけることが大切です。

こうしたバランスのとれた食事を意識することとは、脳の機能アップや体の成長のためだけでなく、大人の成熟した食習慣を身につけるという意味でも重要です。将来の健康維持のためにも、ぜひ中学生くらいのうちにこうしたことを身につけたいですね。

「いろいろな栄養素が出てきたけれど、何を食べさせたらいいかわからない！」という方のために、ミネラルたっぷりのメニューをいくつかご紹介しておきますね。

＊簡単ひじきサラダ(水で戻したひじきとミックスビーンズをドレッシングであえる)
＊アボカドとトマトのサラダ
＊バナナとじゃがいものヨーグルトあえ
＊きのこたっぷり豆ごはん
＊わかめスープ

いかがですか？　手軽にできるメニューばかりですよね。
普段のおかずにナッツやごまをかけるだけでも十分ミネラルアップになります。
ぜひ、日々の食卓にとりいれてみてください！

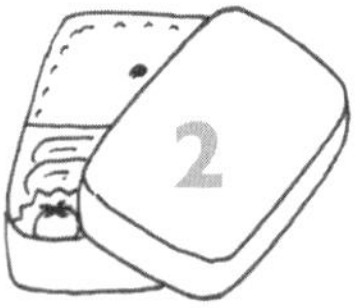

魚はとくに旬のものを選んで、調理法を工夫して！

赤ちゃん期に、ぜひお子さんに積極的に与えてほしいのが、脳の神経細胞を発達させるＤＨＡであるとお話ししましたね。脳の発達でいうと、中学生になるとほぼ大人の脳として完成していると考えられますが、ＤＨＡの摂取は引き続き重要です。

細胞は摂取した栄養素によって、構成成分が一定期間で入れ替わっていきます。ＤＨＡを多く摂取している人の脳細胞にはＤＨＡが多く含まれるようになりますし、動物性の脂肪から飽和脂肪酸を多くとっている人の脳には、飽和脂肪酸が多く含まれるようになります。

試験で力を発揮できるのは、ＤＨＡを多く含むやわらかい脳細胞です。ＤＨＡを意識してとりたいですね。

ＤＨＡ豊富な食品といえば、すでにご説明したとおり、魚介類です。最近のお子さんや若い世代の間では魚離れが進んでいますが、ぜひ積極的に魚を食べるようにしたいですね。

脂ののった旬の魚がとくにおすすめ

魚介類の中でもとくにＤＨＡが豊富といわれるのが、さんま、さば、いわし、あじなどの青魚でした。また、ＤＨＡは脂質を構成する成分ですから、魚の脂に含まれます。よって、**脂ののった旬の魚**により多く含まれると覚えておくといいでしょう。

また、脂身の多い部分にＤＨＡは多く含まれています。たとえば、まぐろの場合、本まぐろの赤身のＤＨＡ含有量は１１５㎎ですが、トロは２８７７㎎。大きく差があります。つまり、まぐろを食べるなら、**赤身よりも中トロや大トロ**のほうがＤＨＡを多く摂取できるというわけです。

とはいえ、常にトロばかりを食べるわけにもいきませんし、青魚ばかりに偏っても飽きてしまいます。

どんな魚介類にも多かれ少なかれＤＨＡは含まれていますので、魚の種類や部位を限定するというよりも、いろいろな魚をできるだけ毎日の食卓にとりいれて、飽きずに長く食べ続ける工夫をするのがいいでしょう。

焼き魚より刺身でＤＨＡを逃さず摂取

魚の種類や部位よりも気をつけたいのが、調理法です。

ＤＨＡは魚の脂に含まれていますから、網で塩焼きにするなど、脂を落としてしまう調理法ではかなりＤＨＡが失われてしまい、摂取量が減ってしまいます。また、揚げ物にすると、揚げ油に魚の脂が逃げてしまうので、これもかなりの摂取量ダウンです。

最も損失を少なく、魚に含まれているＤＨＡを確実に摂取する方法は、**生で食べるお刺身**ということになります。

これも、毎日お刺身で、というわけにもいきませんので、ほかの調理法も工夫してみましょう。

たとえば、煮魚にして煮汁をしっかりからめて食べるようにすれば、煮汁に溶けだしたDHAも一緒にとれます。ブイヤベースなどの汁もの、煮込み料理に魚介を使えば、スープごととれるので、DHAをきちんととることができます。

酸化しやすいDHAはビタミンACEと一緒に

脂と一緒に流出してしまいやすいということに加えて、DHAの弱点がもうひとつあります。それは、**「酸化しやすい」**ということです。酸化は空気に触れることで起こり、加熱によって進みます。

そこで、魚のDHAを効率よくとるには、酸化を抑える力、すなわち**抗酸化作用の高い食品を組み合わせて一緒にとる**ことが大切です。

抗酸化力の高い成分といえば、**ビタミンA、C、E**。3つをまとめて**「ビタミンACE(エース)」**と呼ぶこともあります。

ビタミンAは野菜や果物に含まれている状態では**「β－カロテン」**と呼ばれる色素成分です。体内でビタミンAに変換され、強い抗酸化作用を発揮します。

β－カロテンを多く含む野菜は、**にんじんやかぼちゃ、ほうれん草などの青菜、サニーレタス**など。果物では**メロンやみかん、マンゴー**などに多く含まれます。

なお、β－カロテンは脂溶性ですので、**油脂と一緒にとる**ほうが体内での吸収率が高まります。炒め物のほか、ドレッシングに良質の油を使用するのもいいでしょう。ドレッシングには、DHA同様のオメガ3系脂肪酸であり、体内でDHA同様の働きをする、**α－リノレン酸豊富なアマニ油やエゴマ油**を使うのがおすすめです。

ビタミンCも、高い抗酸化作用があることでよく知られています。**菜の花やピーマン、ブロッコリーなどの野菜**や、**いちごやキウイ、オレンジをはじめとする柑橘類**などの果物に多く含まれます。

焼き魚にレモンやすだちなどの柑橘類をきゅっと絞って食べるというのは、味の点だけでなく、DHAを上手にとる方法としても優れているということですね。

ただし、ビタミンCは水に溶けやすく、熱に弱いので野菜を下ゆでしたり、水にさ

調理15分

お豆と野菜（ミネラル）たっぷりレシピ

サーモンの育脳マリネサラダ

1. すし酢とアマニ油で(A)をあえる。

2. 合わせておいた(B)をかける。

材料(2人分)

(A)乾燥わかめ(戻す)‥大さじ1
(A)たまねぎ(スライス)‥‥1/4個
(A)黄色パプリカ(スライス)‥‥‥‥‥‥‥‥1/4個
(A)スモークサーモン‥‥‥‥6枚
(A)蒸し大豆‥‥‥‥‥‥‥50g
すし酢‥‥‥‥‥‥‥‥小さじ2
アマニ油‥‥‥‥‥‥‥‥小さじ2
(B)プレーンヨーグルト‥大さじ2
(B)おろしにんにく‥‥小さじ1/3
(B)塩・こしょう‥‥‥‥‥‥少量
(B)はちみつ‥‥‥‥‥小さじ1/2

脂ののったスモークサーモンはおすすめの育脳食材。大豆と一緒にサラダに活用してください

らしたりするとどんどん失われてしまいます。加熱はなるべく短時間で。下ごしらえは湯を使わずに電子レンジを使うなどすると、かなり損失が抑えられます。

じゃがいもに含まれるビタミンCは熱に強く、加熱しても比較的損失が少ないといわれているので、ぜひ積極的にとりいれるようにしましょう。

そして、**ビタミンE**。強い抗酸化力があり、細胞の若返りをサポートするビタミンといわれています。**かぼちゃやアボカド、アーモンドなどのナッツ類**に多く含まれます。魚料理にナッツを添えるのもいいアイデアですね。また**オリーブ油やごま油などの植物油**にもビタミンEは豊富に含まれていますので、こうした油を使って調理するのもいいですね。

魚は思春期にとりたい栄養の宝庫

脳を活発に働かせるためにとりたいDHA。DHAをしっかりとる食材として、魚は中学生の食卓に欠かせないことはわかりました。

ところが、魚にはDHA以外にも、思春期の体調を整える働きをもった成分がたくさん含まれています。

たとえば、**小魚**なら、カルシウムも同時にとれ、骨を丈夫にするほか、脳の回転をスムーズ&スピーディーにし、精神の安定に役立ちます。小魚は最強です！

さけやえびの殻に含まれる色素成分**「アスタキサンチン」**も強い抗酸化力がありま す。酸化しやすいDHAを守り、さらには細胞を元気に保つ成分としても活躍してく

調理25分

バター風味のさけじゃが

1. 鍋にじゃがいも、だし汁、調味料を入れて火にかける。

2. 落とし蓋をしてことこと煮て、じゃがいもにほぼ火が通ったらさけを加えて煮る。

3. 煮汁を煮詰めるようにして、最後に蒸し大豆、バターを入れてからめる。

4. 器に盛りつけて、青海苔をふる。

材料（4人分）

じゃがいも	3個
※4〜6等分に切る	
だし汁	2カップ
酒	大さじ2
みりん	大さじ2
しょうゆ	大さじ2
さけ	4切れ
※2〜3等分に切る	
蒸し大豆	100g
バター	25g
青海苔	少量

煮汁はしっかりじゃがいもに吸わせるか、片栗粉でとろみをつけてください

れます。

いかやえび、たこに含まれる**「タウリン」**という成分も、元気をつけてくれる強い味方。タウリンといえば、栄養ドリンクに含まれている、やる気とパワーアップを応援する成分だということはみなさん、何となくご存じのことでしょう。

勉強に、部活に、とハードな毎日を送る中学生。ぜひ、こうした元気の出る素材を毎日の食事でしっかりととるようにしましょう。

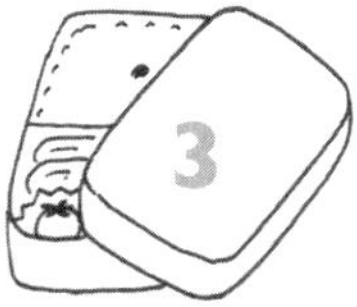

肉は、牛・豚・鶏を上手にローテーションさせて

タンパク質は、筋肉や骨の材料として健やかな体づくりに欠かせない栄養素です。また脳細胞や神経伝達物質の材料として、かしこい脳づくりにも大切です。タンパク質を構成する「必須アミノ酸」がすべて、バランスよくそろっている肉は、良質なタンパク質源としてこの年代の食事に欠かせない食材ですね。

中学生になると、部活でハードな練習をこなす子もいるでしょう。また、試験勉強で夜遅くまでがんばる子もいるでしょう。この年代はスタミナ勝負。ぜひ、肉を上手に使って元気な毎日を応援してあげましょう。

肉にはおもに牛肉、豚肉、鶏肉がありますが、タンパク質摂取の点でいえば、どの肉も同様、アミノ酸スコアの高い、良質なタンパク質源です。

ですが、タンパク質以外に含まれるビタミンやミネラルについて、それぞれ特徴がありますので、その点をチェックしていきましょう。牛・豚・鶏のいずれかに偏らずに上手にローテーションするようにするのがいいですよ。

牛肉に豊富な鉄で、脳の血流アップ！

まず、**牛肉**には**鉄分**が豊富です。鉄は、血液中の赤血球の材料となり、肺からとり込んだ酸素を全身に供給する役割があります。不足すれば脳にも酸素がいきわたらず、脳の回転が悪くなるほか、疲れやすくなり、頭痛の原因にもなります。しっかり補給しましょう。

とくに、女子はこの年代になると生理が始まり、慢性的に貧血になりやすくなります。血液成分の材料である鉄は、しっかりととるように心がけたいですね。

鉄は吸収の悪い成分ですが、タンパク質と一緒にとると吸収率が高まります。その点、青菜などの植物性食品に含まれる鉄よりも、牛肉などの動物性食品に含まれる鉄のほうが効率よく摂取できるのでベターですね。

牛ももの薄切り肉に塩麹をぬり、豆苗《とうみょう》を巻いてオリーブ油でこんがり焼く「牛肉の豆苗巻き」なんかおすすめです。レモンを添えて。

豚肉に豊富なビタミンB群で疲労回復&スタミナアップ！

次に**豚肉**です。豚肉に豊富な微量成分といえば、**ビタミンB_1**でしょう。

ビタミンB群には代謝に関わるビタミンがたくさんありますが、**糖質をエネルギーに変換するのを助ける**のがビタミンB_1です。不足すると、糖質の代謝がスムーズにいかなくなり、体力がもたなかったり、疲れやすくなったりします。もちろん、脳にエネルギーも送られなくなるので脳の働きも悪くなります。

また、ビタミンB_1は、**にんにくやしょうがなどの香味野菜**や、**長ねぎ、たまねぎ、**

調理15分

豚肉とブロッコリーの香りにんにく味噌焼き（4人分）

1. 塩、こしょうをした豚肉（こま切れ）200gと小房に分けたブロッコリー50gに、香りにんにく味噌（味噌大さじ3・オリゴ糖大さじ1・おろしにんにく小さじ1）を合わせておく。

2. フライパンにごま油を熱し、豚肉とブロッコリーを焼き、肉のほうに味噌だれをからめる。

自家製オリゴ糖味噌を常備して活用してください。冷蔵庫で2週間くらい保存可能。豚肉とキャベツの炒めものもおすすめ。おにぎりに塗って焼きおにぎりにしても

味噌とにんにくはともにビタミンB_1が多く、肉との相性のいい食べ合わせです

にらなどのねぎ類に含まれる「硫化アリル」と一緒にとると、その働きがよりパワーアップします！

豚肉とにんにく、ねぎ、にらは味の面でも抜群の相性ですし、中・高校生のようにボリューム感の欲しい年代には人気の組み合わせです。ぜひ豚肉とこうした野菜を組み合わせて、スタミナのつく料理を食べさせてあげましょう。

低カロリー、高タンパクな鶏肉はビタミンAも豊富！

鶏肉といえば、ほかの肉に比べて脂肪分が少なくヘルシーというイメージがありますね。たしかに、ささみやむね肉などは、脂肪の摂取は抑えつつタンパク質はしっかりとりたいという、プロのスポーツ選手が好んでメニューにとりいれる、優秀なタンパク質源です。

ただし、こうした部位は脂肪が少ない分、パサついて食べにくいのが難点です。

調理25分

やわらか鶏のチキン南蛮風・枝豆タルタルソース添え（2人分）

1. 鶏むね肉1枚は全体に包丁の先で切り込みを入れ、酒をもみこんでおく。

2. 全体にこしょうをふり、小麦粉をつけて、卵をからめてもう一度小麦粉をつけてオリーブ油を引いたフライパンで皮から両面焼く。

3. フライパンの油をふきとり、合わせておいたたれ（きび砂糖大さじ3弱・米酢大さじ2・しょうゆ大さじ1.5）を加えて煮からめる。

4. お皿に盛り、市販のタルタルソースに刻んだ枝豆を混ぜたソースをかける。

ほどよい脂肪のある、もも肉のから揚げは好きだけど、ささみやむね肉はちょっと苦手、というお子さんも多いようです。しっとりと仕上げるよう、調理法に工夫をするなどして、上手に食べさせてあげてください。75ページで紹介した「鶏ハム」や前ページのレシピを参考にしてみてください。

また、鶏肉には**ビタミンA**が豊富に含まれている点にも注目してみましょう。ビタミンAには、皮膚やのど、鼻、肺、消化管などの粘膜を正常に保つ働きがあります。免疫力をアップして、風邪やインフルエンザの予防に役立つ重要なビタミンです。なお、ビタミンAは疲れ目の回復にも効果を発揮します。勉強をがんばる中学生に欠かせない栄養素ですね！

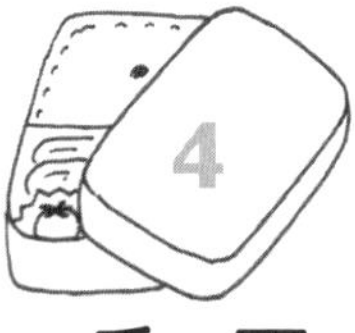

4 不足しがちな栄養を手軽にオンできる常備食材

元気な脳と体をつくるために、たくさんの栄養が必要だということをここまで見てきましたが、いかがでしたか？

もしかすると、「私は料理も得意ではないし、仕事や家事で忙しいから食事の支度にそんなに時間はかけられないー」と思っていらっしゃる方もいるのではないでしょうか？

大丈夫ですよ。本来、家庭の料理というのは、決してむずかしいものではないはずです。もちろん、おいしいことは大切ですが、それが「プロの味」である必要はまったくありません。

もっといえば、お金を出してたまに食べるレストランの食事と、家族の健康を支えるために毎日つくる家庭の食事とは別物、と考えていいと思います。

はりきってプロの味を目指してゆっくり料理を楽しむ日もあっていいですが、**毎日の食事は、手軽にできて、栄養バランスが簡単に整うことがまず大切。**

栄養バランスの整った食事が手早くつくれる**「お助け食材」**がいろいろあります。こうしたものを常備すると毎日の食事づくりがぐんとラクになります。家族の健康を維持するための簡単なコツをいくつか紹介します。ぜひ身につけてくださいね。

果物は毎日食卓に登場させて、ビタミンや抗酸化物質を補給

まず、忙しい親の強い味方になってくれるのが**果物**です。調理不要で、洗ってお皿に出すだけ、あるいはちょっぴり皮をむいて出すだけで、風邪の予防に欠かせない、ビタミンCや腸内環境の整備に欠かせない食物繊維がしっかりとれます。

季節ごとに旬の果物がありますので、その時季にたくさん出回っているものでお好きなものを選べばいいでしょう。

春先でしたら、**いちご**。いちごはビタミンCが豊富に含まれている果物のトップクラスです。夏になれば**メロン**や**すいか**。メロンには抗酸化成分の「βーカロテン」が、すいかには強力な抗酸化作用で細胞を守ってくれる「リコピン」が豊富に含まれます。秋に出回る、**柿**にもビタミンCやβーカロテンが豊富です。**ぶどう**には目の健康に欠かせない「アントシアニン」も含まれます。

また、冬場の**りんご**は「1日1個で医者いらず」といわれるくらい、健康効果の高い果物です。食物繊維も豊富で、「りんごポリフェノール」と呼ばれる、高い抗酸化作用も備えています。

そのほか、通年、スーパーに並ぶ**グレープフルーツ**や**オレンジ**、**キウイ**もビタミンの宝庫です。**バナナ**は糖質も多く、主食がわりにもなるうえ、ビタミン類やカリウム、食物繊維が豊富に含まれているので、朝食やおやつ用に用意しておくといいでしょう。

ただし、果物には加糖も多く含まれているので、肥満の原因にならないよう食べすぎには注意してあげてくださいね。

ナッツ・豆・ドライフルーツは常備して、ビタミン・ミネラルを！

不足しがちな栄養素が豊富で、常温で長期保存できる食材を常備しておきましょう。ちょっと栄養バランスがイマイチ……というときに、きっと役に立ってくれますよ。

まず、**ナッツ類**。ナッツ類は、これから植物が育っていくための栄養がぎゅっと詰まった、いわば「天然のサプリメント」です。そのままつまんでおやつにもなります し、料理にも手軽にとりいれられます。

どのナッツにもだいたい豊富なのがビタミンEです。ビタミンEはさきほども紹介しましたが、高い抗酸化作用があります。酸化しやすいDHAを守るべく、魚料理に使うと効果的です。

また、糖質をエネルギーに変える働きのビタミンB_1もたいていのナッツに含まれます。さらに、食物繊維がとれるというのも魅力。**ヨーグルト**や**シリアル**、**サラダ**や**パ**

スタのトッピングとして、どんどん使いましょう。

とくに脳の働きの活性化にいいとされているナッツには次のようなものがあります。

＊クルミ…体内でＤＨＡと同様の働きをするオメガ3系脂肪酸である、「α－リノレン酸」が多く含まれるため、脳の活性化に効果的といわれます。

＊ピーナッツ…神経伝達物質である「アセチルコリン」をつくりだし、脳の神経細胞の働きを活発にするといわれる「レシチン」が含まれます。

こうしたナッツは、試験勉強のおやつにもいいでしょう。

また、ナッツと同様にヨーグルトやシリアルのトッピングに活用したいのが、**ドライフルーツ**です。ドライフルーツには果物の栄養が凝縮されています。カリウム、鉄、マグネシウム、亜鉛、銅、リンなどのミネラルがとれます。

食物繊維も豊富なので、腸内環境の改善にも効果的です。ヨーグルトと一緒に食べれば腸内環境アップにより効果的です。

次のドライフルーツはぜひご家庭に常備してみてください。

***ドライマンゴー**…免疫力アップに欠かせないビタミンAやビタミンCもとれます。

***プルーン**…鉄分豊富なので血の巡りをよくして、脳に血液をしっかり送り込みます。ポリフェノールが細胞の酸化を防ぎます。

***いちじく**…水溶性食物繊維である「ペクチン」が豊富です。

***あんず**…ビタミンAが豊富です。さらに、カリウムも豊富なので、とりすぎた塩分の排出効果もあります。

料理に大活躍するストック食材としてぜひおすすめしたいのが、**大豆とその加工品**です。83ページでも紹介しましたね。

乾燥豆はひと晩水に浸すなど、ちょっと手間のかかる工程がありますが、**水煮の缶詰や蒸し豆のドライパック**などは、すぐに利用できるので重宝します。

高野豆腐はすりおろしてパン粉がわりにハンバーグに使えば、栄養価アップに役立ちます。常備しておくと便利ですよ。

豆は良質なタンパク質を含むほか、食物繊維やミネラル類などの、不足しがちな微量栄養素も豊富です。さらに、大豆には記憶力アップに役立つレシチンも含まれます。

そして、ぜひ冷凍庫にストックしておいてほしいのが、**「冷凍の枝豆」**です。枝豆は、豆の栄養素と緑黄色野菜のいいところを併せもつ、スーパービーンズです！　タンパク質のほか、葉酸をはじめとするビタミンB群などもとれます。

もちろん旬の時期であれば、生の枝豆もいいですが、冷凍のいいところは、何といっても調理不要で解凍さえすればすぐに食べられること。そして、1年中使えること。また、旬に収穫したものをすぐにゆでて冷凍しているので、栄養の損失が少ないというのもいい点です。

海藻類は、食物繊維、ビタミン、ミネラルが豊富。乾物なら長期保存も！

海藻類も常備しておくと便利なお助け食材です。とくに、調理不要で何でもよくあう**海苔**は、スーパーお助け食材です。普段、何気なくおにぎりなどに使っていますが、海苔は栄養価が素晴らしいのです。

海苔にはいろいろなビタミンが含まれていますが、中でもとくに多いのが**ビタミンA**です。全形と呼ばれる（約21㎝×19㎝）海苔2枚分で子どもの1日分の必要量をまかなえるというくらい豊富なんですよ。野菜嫌いのお子さんには緑黄色野菜のかわりにぜひ食べさせたいですね。ちょっと意外ですが、海苔には**ビタミンC**も含まれていますよ。

また、糖質をエネルギーに変えるのをサポートする**ビタミンB$_1$**も豊富ですので、おにぎりに海苔を巻くというのはたいへん理にかなった組み合わせといえますね。

さらに、**鉄分**、**カルシウムなどのミネラル**も豊富なうえ、**タンパク質**も含まれます。海苔をごはんに添えるだけで、栄養バランスがぐんとよくなります。乾物ですから、長期保存もできて、便利ですね。

わかめも味噌汁に入れたり、サラダに足したり、と活用度の高い食材です。

わかめには、体内の代謝を活発にする「ヨウ素」が豊富です。わかめ特有のぬめりは、食物繊維の「アルギン酸」というもの。アルギン酸は胃から小腸への食べ物の移動を遅くして。血糖値の上昇を防ぐ役割があります。

学習には、脳を安定して活動させることが大切でしたね。胃から小腸への食べ物の移動を遅くして血糖値の上昇を防ぐわかめのアルギン酸が大いに役に立ってくれます。

アマニ油、りんご酢、オリゴ糖も育脳効果あり！

調味料にも、健康効果・育脳効果の高い成分がとれるものがあるのでチェックしてみてください。

＊アマニ油、エゴマ油、しそ油…α－リノレン酸を多く含む油

アマニ油、エゴマ油、しそ油には「α－リノレン酸」が豊富です。α－リノレン酸はDHAと同じオメガ3系脂肪酸の仲間で、体内に入るとDHAに変換され、DHAと同様の働きをします。

これらの油は、**加熱せずに生で使用**するのが基本です。α－リノレン酸は加熱すると酸化してしまうので、炒め物や揚げ物などの調理油としてではなく、調味料として使いましょう。

最も簡単な使い方は、**「ちょい足し」**です。サラダやキムチ、納豆、お刺身、味噌汁、スープにスプーン1杯程度をかけます。スムージーやヨーグルトに加えるのもおすすめです。味にはとくにクセはないので、どんな素材にもよくあいます。

ちなみに、市販のケチャップやドレッシングにも味噌やしょうゆを少し足してオリジナルの調味料にすると、料理の幅がぐんと広がりますよ。

＊酢…クエン酸が豊富

酢は脳の活性化にぜひ活用したい調味料です。酢に含まれる「クエン酸」は代謝をアップして血流をスムーズにする効果があります。疲労回復、脳の活性化に、ぜひどんどんとりいれましょう。

りんご酢をはじめとする**フルーツ酢**は、酸味に加えてフルーツの香りがたっぷりと含まれているので、そのままでもとてもおいしい酢です。

フルーツに含まれる食物繊維の一種、「ペクチン」も含まれています。炭酸やジュースで割って、疲労回復ドリンクとしてもいいですね。

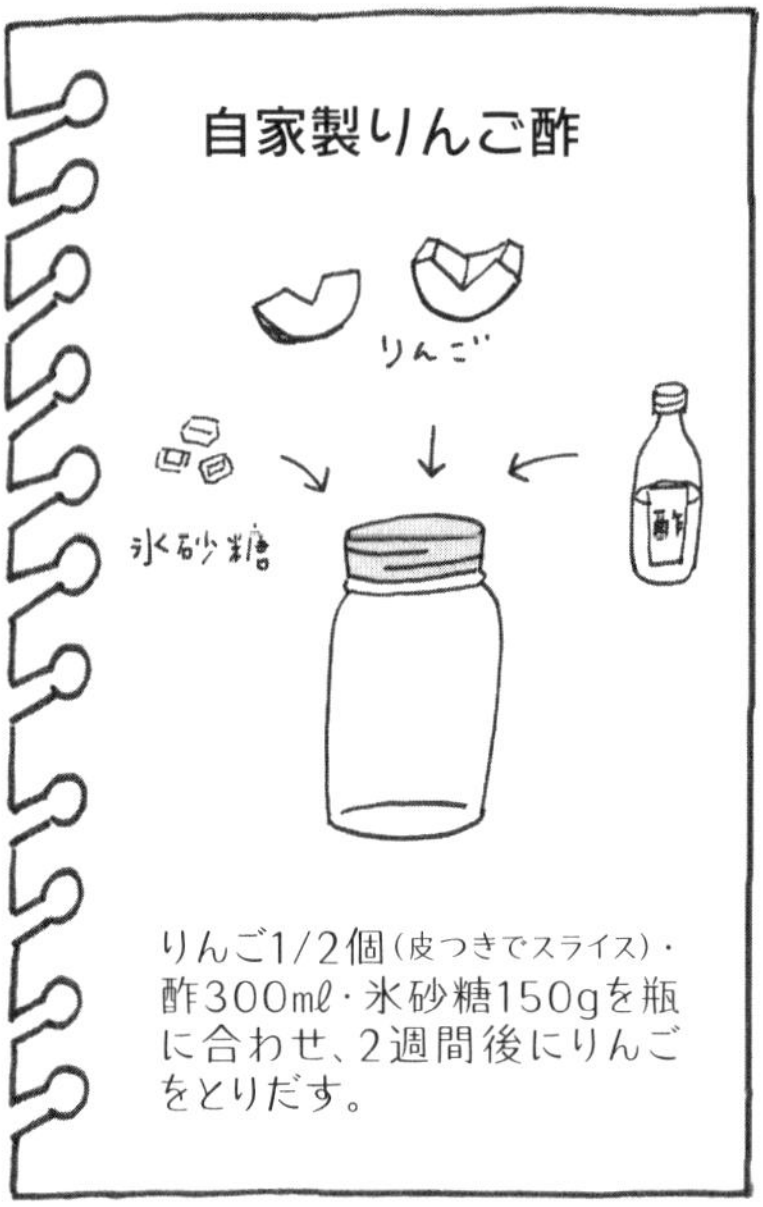
自家製りんご酢
りんご
氷砂糖
酢
りんご1/2個（皮つきでスライス）・酢300mℓ・氷砂糖150gを瓶に合わせ、2週間後にりんごをとりだす。

＊オリゴ糖…腸の善玉菌の働きを活性化

オリゴ糖は腸の健康維持に欠かせない善玉菌の餌になって、その活動をバックアップする働きがあります。根菜類や発酵食品など、腸内環境の改善に役立つといわれる食品と組み合わせてとると、効果倍増です。スーパーの砂糖売り場などで入手できます。

味噌3：オリゴ糖1の割合で合わせた「オリゴ糖味噌」を常備しておくと便利ですよ。つくり方は176ページを参照してください。

スキムミルクのトマトスムージー

スキムミルク大さじ2・トマト100g・冷凍マンゴー50g・オリゴ糖小さじ1・水50mlをミキサーにかける。グラスに注ぎ、アマニ油をかける。

＊スキムミルク・パルメザンチーズ…手軽なカルシウム・タンパク質の補給源

スキムミルクは、別名「脱脂粉乳」と呼ばれる生乳や牛乳の脂肪や水分をとった粉です。じつは、牛乳の栄養が濃縮された優秀なカルシウム補給源なのです。優れているのはタンパク質とカルシウムは牛乳と同等なのに、脂肪がほぼゼロ、カロリーは半分という点です。保存が可能なので、常備しておくと、調味料がわりにいろいろなものに使えて便利です。

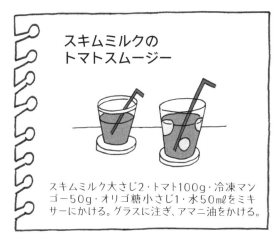

調理10分

パルメザンチーズとグリーンピースのふわふわスクランブルエッグ（1人分）

溶き卵1個に牛乳大さじ2、粉チーズ小さじ2、冷凍グリーンピース20gを混ぜて塩・こしょうをふり、オリーブ油でスクランブルエッグにする。

たとえば、カレーやハンバーグの種に加えたり、ヨーグルトに混ぜる、炊き込みごはん、とろろに加えたりするのもいいでしょう。卵料理にもおすすめです。栄養価が上がるだけでなく、コクが出ておいしくなるんです。

パルメザンチーズは塩分がしっかりしているので、塩のかわりに使うと便利。塩分だけでなく、コクもあるので塩を加えるよりも減塩になります。たとえば、チャーハンやピラフ、卵焼きの味つけに使えます。パン粉に混ぜて香りのあるフライ衣にしてもいいですね。ホットケーキの生地に少し混ぜると、味がぐっと引き立ちますよ。

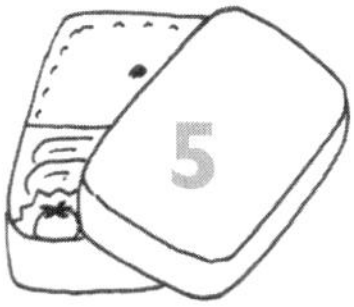

免疫力をアップして、学校を休まない体をつくる

「受験当日に熱を出して普段の実力を発揮できなかった……」という、何ともかわいそうな話を聞いたことはありませんか？　せっかく試験の日までコツコツと勉強してきたのに、当日の不調でその成果を出せなかったなんて、くやしいですよね。

本番には万全な体調でのぞませてあげたいものです。中学生ともなれば、親が勉強を見てあげることもあまりなくなるでしょう。受験生の子どものためにしてあげられる唯一の応援は、食事での体調管理になるのかもしれません。

免疫力をアップするにはまず、**「タンパク質をしっかりとること」**です。

免疫細胞は体を守るために働いたあとは消滅してしまうので、常に新しい免疫細胞がつくれるよう、免疫細胞の材料であるタンパク質を毎日補う必要があります。

ビタミンACE（167ページ）には粘膜を丈夫にし、のどや鼻の粘膜からウイルスが侵入するのをブロックしたり、免疫細胞を活性化したりする働きがあります。

このように、免疫力をアップするために心がけたいことはいくつかありますが、最大のポイントは**「腸内環境を整えること」**にあります。

免疫力アップのカギを握る「腸の働き」

免疫力とは「体を守る働きのこと」です。外から体内に侵入してきた病原菌やウイルスが増殖するのを抑えるほか、体の中にできたがん細胞の芽を破壊するといった働きもあります。

こうした免疫力をつかさどっているのが、体内の免疫細胞です。免疫細胞はリンパ管や血管を巡回して、外部からウイルスや細菌が侵入してきていないか、健康に害を及ぼすものはないかを見張り、発見次第、退治してくれます。

免疫のことは知っているけれど、なぜ腸？　と思いますよね。

免疫細胞は、血液中に存在して全身を見守っていますが、その**およそ60%は腸に存在している**のです。これが、「免疫力アップのカギは腸にあり!」と言われるゆえんです。腸には口から入ってきた食べ物とともに、細菌やウイルスなどが多く入ってくるので、その侵入をくい止めるのも腸の大切な役目なのです。

そこで、免疫力をアップするためには、腸内環境を整えることが必須になります。便秘や下痢などで腸内環境が悪化すると、腸の免疫細胞の働きも悪くなります。

腸には1000種類、100兆個もの細菌があり、この細菌の集団は「腸内細菌叢《そう》」と呼ばれています。そして。腸内環境がいいか悪いかは、この細菌叢にどんな菌がすみついているかで決まります。

腸内細菌は、人間の体にいい働きをする**「善玉菌」**と悪い影響を与える**「悪玉菌」**、いい働きも悪い働きもとくにしない**「日和見菌《ひよりみ》」**に分かれます。これらの3つが、常に腸内で勢力争いをしています。

善玉菌の代表選手が**「乳酸菌」**です。腸での消化吸収を促します。食品から摂取した糖を分解し、乳酸や酢酸をつくりだすほか、ビタミンB群など、健康に欠かせない物質もつくりだします。

一方、悪玉菌が強くなると、体にさまざまな悪影響が出てしまいます。こちらの代表選手は**「ウェルシュ菌」**。発がん性物質や毒性物質をつくりだします。

腸内環境を整えるには、**便通を促して腸内の老廃物の排出に役立つ食物繊維をしっかりとる**ことがいちばんです。食物繊維には腸の善玉菌の餌になって、腸の働きを整える役目もあります。

野菜、きのこ、海藻など食物繊維豊富な食品はぜひ毎日の食事にとりいれるようにしたいですね。

発酵食品を組み合わせて善玉菌を増やす

また、**腸内の善玉菌を増やすよう、乳酸菌をしっかりとる**ことも大切です。

食品からとった乳酸菌は生きて腸に届くものと、胃酸で死んでしまって届かないものとがあります。生きて腸に届いた乳酸菌は、腸内にすみつくことはありませんが、排出されるまでの一定期間、腸内で善玉菌として働いてくれます。

一方、死んでしまった乳酸菌は無駄になってしまうの？　と思われがちですが、そんなことはありません。乳酸菌は死んでしまったものも生きているものと同等、あるいはそれ以上の働きをしてくれます。

その働きのひとつは、近年注目されている、乳酸菌の菌体そのものにある、免疫力アップの力です。この効果は、菌が生きていても死んでいても同じです。なぜなら、乳酸菌の免疫力アップ効果は、菌の体を構成している成分によるものだから。この菌体成分が腸壁の免疫スイッチに働きかけることで、免疫成分が分泌されるといわれています。

そのほか、乳酸菌の死骸は悪玉菌の好む有害物質を吸着して便として排出する、あるいは腸内の善玉菌の餌になって腸内の善玉菌の活動を活性化するなど。私たちの健康維持に大いに役立ってくれます。

風邪やインフルエンザから体を守るには、乳酸菌が豊富な、**ヨーグルト、味噌、納**

豆、漬物などの発酵食品をぜひ積極的にとりましょう。

発酵食品は、いくつか組み合わせてとると、より効果的です。たとえば、ヨーグルトはいろいろな食材と相性抜群です。味噌と合わせてディップにするほか、キムチや納豆、甘酒に加えてもおいしいですよ。もちろん、乳酸菌パワーたっぷりです。

なお、近年、腸は**「第二の脳」**と呼ばれ、脳の働きをつかさどる器官としても注目を集めています。脳に中枢神経があるのと同様、腸には腸神経系という独自システムが備わっています。

この2つの神経系は互いに影響しあっており、腸内環境の悪化は脳の働きにも悪影響を及ぼすといわれていますので、腸の健康、大切にしたいですね。

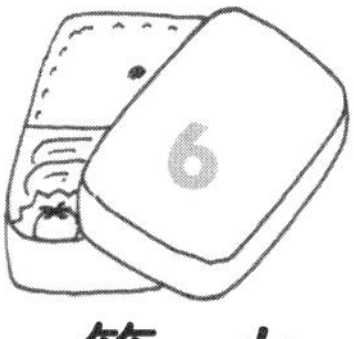

6 血液をサラサラにし、脳を活性化させる第7の栄養素「フィトケミカル」

脳を活性化させ、集中力や記憶力を高めるためには、脳内の血液が常によどみなくスムーズに流れていることが大切です。

最近は、食の欧米化により、動物性脂肪の摂取が増えていますが、脂っこい食事やファストフードばかり食べていると血管は老化し、血液もドロドロになりやすくなります。これではしっかり脳は働いてくれません。

脳を活発に働かせるには、血管を健康な状態に保って血流をよくし、さらに脳内の血液の「酸化」を防ぐことが大切です。

そこで今、注目されているのが**「第7の栄養素」**と呼ばれる**フィトケミカル**です。

フィトケミカルとは、**野菜や果物に含まれる色素成分**のことで、高い抗酸化力があります。

ちなみに三大栄養素は「炭水化物」「タンパク質」「脂質」です。五大ではこれに「ビタミン」と「ミネラル」が加わり、六大では「食物繊維」が加わります。

脳は、ストレス受けることから、常に酸化しやすい状態にあります。血液をサラサラに保つためには、フィトケミカルの抗酸化作用をかしこく利用した食事が有効です。

7色のフィトケミカルで脳内の血液をサラサラに

フィトケミカルの色素は7つあります。色によって効能もさまざまですから、1週間で7色の野菜がとれるように意識し、食事づくりも素材を変えて工夫してみてくださいね。フィトケミカルの効能と代表する食材を掲げておきます。

●赤系のフィトケミカル

＊リコピン（ビタミンEの100倍、カロテンの2倍以上の抗酸化力がある）……トマト、

すいか、金時にんじん、柿などに多く含まれます。

＊カプサンチン（リコピンと同等かそれ以上の高い抗酸化力があります）……パプリカ、唐辛子

●橙系のフィトケミカル

＊プロビタミンA…かぼちゃ、にんじん、みかん、ほうれん草

＊ゼアキサンチン…パパイヤ、マンゴー、ブロッコリー、ほうれん草

●黄系のフィトケミカル

＊フラボノイド…たまねぎ、ほうれん草、パセリ、レモン、柑橘類

＊ルテイン…とうもろこし、ほうれん草、ブロッコリー、ゴールドキウイ、かぼちゃ

●緑系のフィトケミカル

＊クロロフィル…ほうれん草、モロヘイヤ、ブロッコリー、オクラ、春菊、緑ピーマン

●紫系のフィトケミカル

＊アントシアニン…なす、紫いも、赤しそ、紫キャベツ、トレビス、ベリー類、黒豆

●**黒系のフィトケミカル**

＊**クロロゲン酸**…ごぼう、ヤーコン、じゃがいも、バナナ、なす

＊**カテキン・タンニン**…緑茶、柿

●**白系のフィトケミカル（血液サラサラ効果がとくに期待できる）**

＊**イソチオシアネート**…キャベツ、大根、わさび、ブロッコリーなどアブラナ科の野菜

＊**硫化アリル**…ねぎ、たまねぎ、にんにく、にら

おすすめの夜食は「野菜たっぷりのスープ」

フィトケミカルは、野菜スープでとるのがベストです。加熱することでカサが減って量がたくさんとれるようになることと、スープに溶けだした成分も一緒にとれるからです。

さらに、寒い冬には、温かいスープで体を温め、代謝を高めることで栄養がスムー

調理10分

受験生の夜食レシピ

かぼちゃと蒸し大豆のスープ(1人分)

1. かぼちゃ50g、たまねぎ1/8個をすべてスライスして電子レンジに2分かける。

2. (1)と蒸し大豆大さじ1、牛乳150mℓ、鶏ガラスープの素小さじ1/3をすべて合わせてミキサーにかける。

3. 鍋に(1)と(2)を入れてひと煮したら器に注ぐ。

黄色は脳を目覚めさせ、活性化させる色です。ほんの少しカレー粉を加えて味に変化をつけるのもいいでしょう。味つけはシンプルに鶏ガラスープの素で

ズに脳まで運ばれていくのでとくにおすすめです。消化もいいので、寒くなる受験シーズン、お子さんの夜食にもスープがおすすめです。

脳の働きの主役である神経細胞のもとになるタンパク質、脳の情報伝達に欠かせないカルシウム、ビタミン、ミネラルがプラスされれば理想的な食べ合わせとなります。

夜食というと、脂っこい

ラーメンやうどん、パスタや菓子パン、おにぎりなどが多いようですが、炭水化物過多の夜食では、食後すぐに血糖値が上がり、血液は胃のほうに奪われてしまうため、頭の働きは鈍くなり、理解力、記憶力が落ちてしまいます。これでは勉強の能率は上がりません。

勉強をしながら、スナック菓子などをつまむのも胃腸の働きが活発になる分、脳の働きは妨げられます。炭水化物や動物性脂肪は控えたいという点でもスナック菓子は避けたほうがいいでしょう。

冬の時期なら、かぼちゃと蒸し大豆のスープがおすすめです。前ページにレシピをのせました。かぼちゃの黄色は脳を目覚めさせ、活性化させる色でもあります。ほんの少しカレー粉を加えて味に変化をつけるのもいいでしょう。

大人に近づくこの時期、ちょっとした食習慣にも注意を！

中学生になると、教科もぐっと増えて、勉強の内容もむずかしくなってきますので、学習時間も小学校時代から大幅に増えるでしょう。中間テストや期末テストの前など、集中して長時間学習する必要も出てきます。

夜遅くまで勉強して就寝時間が遅くなったり、睡眠時間が短くなったりします。こうした生活スタイルの変化にともなって気をつけてほしいのは**「夜食」**のとり方です。前項でも少し触れました。

夜食は消化のいいものを、なるべく早い時間に

夜の11時や12時まで勉強するとなると、どうしてもおなかがすいてしまいますね。

夜食をとることもあるでしょう。そんなときは、ぜひ、胃腸の負担の軽いものを選ぶように注意してください。

胃腸での消化に時間のかかるものを食べると、勉強を終えてベッドに入ったあとも消化吸収が続き、せっかくの睡眠中に脳がしっかり休養できません。

また、夜食をとる時間にも注意したいところです。夜食は早め、眠る2時間前までにとり、眠る前には空腹を感じ始めるぐらいのほうが、安眠を妨害したり、翌日の胃腸の不調につながったりすることがありません。

高塩分の食事には引き続き注意する

子どものころに塩分の多い食事をとることが、大人になってからの健康にさまざまな悪影響を及ぼすということはここまでで何回かお話ししてきました。

味覚ができあがる幼児期から12歳くらいまでの間に、塩分の多い食生活を送っていると、舌がしょっぱさに慣れてしまい、将来も濃い味つけを好むようになってしまい

調理10分

電子レンジで簡単！

キャベツ入りミルク湯豆腐（1人分）

1. 深めの耐熱容器にやわらかい部分を手でちぎったキャベツ20g、絹ごし豆腐100g、牛乳（キャベツがひたるくらいの量）、スライスチーズを1枚加えてふわっとラップをしてチーズが溶けるまで加熱する。

2. アマニ油をかけ、ぽん酢少量たらす。

キャベツは胃の粘膜を再生、豆腐はたいへん消化されやすいタンパク質なので夜食におすすめ。牛乳でカルシウムを補給して、リラックス効果も

ます。

さらにこの年代にとってやはり気になるのは、塩分の過剰摂取により血管が詰まってしまって、血流ダウンにつながること。血流が悪くなると、血の巡りが悪くなって、脳に血液が行きわたらなくなってしまいます。すると、**思考力・集中力もダウン！** 脳の働きに悪影響を及ぼします。「塩分控えめ」は中学生になっても、引き続き心がけるようにしましょう。

中学生くらいになると、**しょうがやにんにく、カレー粉などのス**

パイス類もかなり食べられるようになりますので、こうしたものを上手に使って、塩分を控えめに。

刺身や納豆など、しょうゆをつけて食べる料理にも要注意！

しょうゆのつけすぎは、当然、塩分のとりすぎにつながります。

しょうゆのかわりに、**ぽん酢**や**水割りしょうゆ**（水1：しょうゆ1の割合で合わせる）にするのがおすすめです。


また、香ばしい香りで減塩に役立ち、カルシウムや食物繊維豊富な**ごま**もとりいれたい食品ですが、もう一歩、育脳を考えるならば、ごまのかわりに、オメガ3系脂肪酸たっぷりの**アマニ粒**を使うのがおすすめ。

アマニ粒はアマニ油の原料で、DHAと同様の働きをするオメガ3系脂肪酸の仲間であるα－リノレン酸が豊富です。ごまとよく似た形状なので、ごまがわりにいろいろなものに使えますよ。

ごはんにふりかけるほか、サラダやパスタにさっとひとふりしたり、コンビニのサンドイッチにちょっとプラスしたりするのもいいでしょう。おいしくなるうえ、脳の働きをよくするオメガ3系脂肪酸もしっかりとれるので一石二鳥です。

また、中学生は行動範囲もぐっと広がり、子どもだけで**ファストフードやファミレス**に行く、**コンビニ**で揚げ物やスイーツを買う、といったこともあります。食生活のスタイルが変化し、親の目が届かないところで食べるものも多くなってきます。

こうしたことを禁止にすることはできませんが、ファストフードやスナック菓子は塩分が高いので、とりすぎには注意してあげてください。

スナック菓子には、塩分のほか味を濃くするための化学調味料が多く使われていますので、あとを引くようにできています。ぜひ控えめにしてください。脳をかたくし、働きを悪くする飽和脂肪酸も多く含まれていますので要注意です。

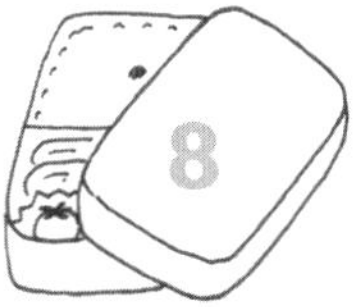

体だけでなく、心を育てるのも毎日の食事です

さて、ここまで、人間の脳と体に欠かせない栄養素にどんなものがあり、どういった食品からとれるのかをご説明してきました。ずいぶんいろいろな栄養素や食材が人間の体には必要だということがおわかりいただけたでしょうか。

もちろん、こうした栄養バランスはとても大切です。ですが、何もみなさんが、私たち管理栄養士がするように、何が何gで、どれだけとれているかを計算するというようなことをする必要はありません。

親がお子さんにつくってあげる食事でいちばん大切なことは、**食事を通して愛情を感じてもらうこと**だと私は思います。

それは離乳食から思春期を経て、成人になるまで変わらない、食事のいちばんの基本になることだと思います。

離乳期には赤ちゃんが食べやすいように食材をすりおろしたり、小さく刻んだり。楽しく食べられるようランチマットを用意したり、カトラリーをかわいくしたり。幼稚園や小学校のお弁当では、色どりを工夫したり、顔や動物の形をかわいくつくってみたり。嫌いなものがあれば、何とかして食べてほしいと、好きな食材に混ぜてみたり、味つけを工夫したり。

中学生になれば、元気の出るもの、ボリュームたっぷりの夕食を用意したり、消化のいい夜食を用意したり。

料理の形、種類こそお子さんの成長に合わせてどんどん変わっていきますが、その根底にある親の愛情には変わりありません。

食事は、親からお子さんへのメッセージです。

つまり、脳の働きをよくする朝食や、昼食までエネルギーの持続するような朝食をつくってあげるのは、授業に元気よく楽しく参加して、充実した学校生活を送ってほしいというメッセージでしょう。

同様に、免疫力をアップする食材を入れるのは「風邪を引かないでね」というメッセージ。筋力アップやスタミナのつくおかずをお弁当に入れるのは「部活がんばってね」というメッセージ。

言葉にはならないメッセージをお子さんは毎日受けとっていることでしょう。こうしたメッセージを伝えるのに、特別に凝ったむずかしい料理である必要はありません。お子さんにとっては、どんな料理からも親がお子さんを思う気持ちが伝わるはずです。こうやって、お子さんへの親の思いが、料理を通して感じられることが何よりも大切なのです。

そして、お子さんは自分のためを思って、自分のためにつくられた料理だと感じることで喜びを覚えるでしょう。親の愛情を感じる体験が、何よりも子どもの脳と心を成長させるのです。

親の愛情を感じる体験は、子どもの「やる気スイッチ」を入れ、何でも意欲的に取り組もうとするきっかけになるといわれています。

子どものころにお母さんがつくってくれた料理は、大人になってもマザーフードとして、生涯ずっと消えない味の記憶として残っていくことでしょう。

お子さんの将来を決める、丈夫な体とかしいこい脳づくりはお母さんからの素敵なプレゼント。

食事を通して、栄養面とメンタル面、両面から、ぜひお子さんの成長をサポートしてあげてください。

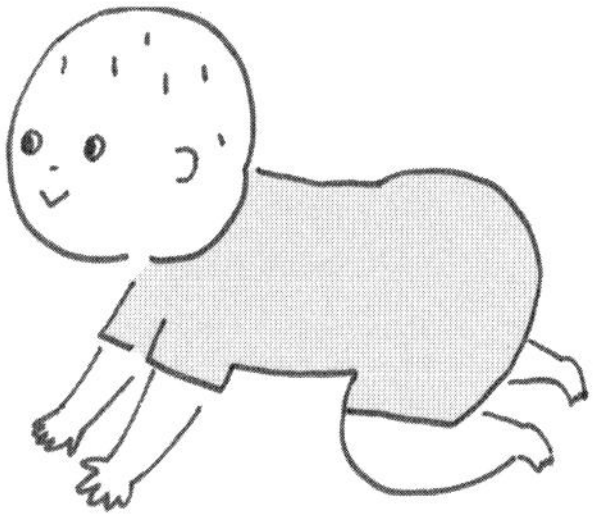

小山浩子（こやま　ひろこ）
料理研究家・管理栄養士。大手食品メーカー勤務後、2003年に独立。さまざまな企業とコラボレーションしてのレシピ開発や保健センター、病院での栄養教室なども担当する。育脳から認知症予防まで、あらゆる視点で食のアドバイスを行なう。年100回以上の講演のほか、NHKをはじめ多数の健康番組に出演するなど幅広く活動。料理家としてのキャリアは20年以上。これまで指導した生徒は5万人以上に及ぶ。著書の『目からウロコのおいしい減塩「乳和食」』（主婦の友社）で2014年グルマン世界料理本大賞イノベイティブ部門世界第2位を受賞。『プラス3分ですてきな朝食アイデア帳』（東京書店）、『スプーン一杯のアマニで脳も体も若返る』（三空出版）など著書多数。

◎公式HP　http://koyama165.com/

人気管理栄養士《にんきかんりえいようし》が教《おし》える
頭《あたま》のいい子《こ》が育《そだ》つ食事《しょくじ》

2016年8月1日　初版発行

著　者　小山浩子
発行者　吉田啓二

発行所　株式会社日本実業出版社　東京都文京区本郷3−2−12　〒113-0033
大阪市北区西天満6−8−1　〒530-0047
編集部　☎03−3814−5651
営業部　☎03−3814−5161　振　替　00170−1−25349
http://www.njg.co.jp/

印刷／壮光舎　　製本／共栄社

この本の内容についてのお問合せは、書面かFAX（03−3818−2723）にてお願い致します。
落丁・乱丁本は、送料小社負担にて、お取り替え致します。

ISBN 978-4-534-05415-9　Printed in JAPAN